平安貴族
嫉妬と寵愛の
作法

監修　繁田信一

JN057797

GB

優雅な暮らしの裏には
妬みや嫉みが溢れていた！

　雅で風流な国風文化が花開いた平安王朝の時代。

　おそらく多くの日本人は、この時代のことをそんな風に思っているに違いない。だが、史料をつぶさに読み解いていくと、それはあくまでイメージであり、勝手な先入観であることに気づくだろう。

　王朝貴族たちは官僚社会の中で、上下関係がはっきりしたピラミッドを形成。激しい出世レースを強いられることになり、努力すれば昇進の見込みもあったが、強権を発揮した藤原道長の時代になると縁故癒着が当たり前となって、その道も閉ざされた。

女性貴族も家系存続のためにと、必死になって教養を身につけ、皇家や上級貴族から寵愛を受けられるように最大限の努力を重ねた。だが、右も左も同じように考えるライバルで溢れ返り、嫉妬心を燃やしていた。

　もちろん、和歌を詠んだり蹴鞠をしたり、四季折々の花を愛でたりと、雅な側面もあるにはあったが……。

　本書は、そんな平安王朝の貴族たちの暮らしや文化にスポットを当て、数多くのイラストとともに、そのリアルな姿を浮き彫りにした。平安時代は上層階級に位置した貴族たちが、ただ楽しく過ごしていたわけではない──。本書をお読み頂ければ、そのことがより明確になるだろう。

繁田信一

早わかり平安 ①

平安時代誕生までの経緯

雅なイメージを抱きがちな平安時代。だが、奈良時代から平安時代へと移ろう過渡期は、決して平穏な世の中ではなかった。まずは、わずか10年で終わった幻の都・長岡京への遷都から振り返っていく。

平安京の象徴・紫宸殿

天皇の住居を内裏といった。その内裏の正殿を紫宸殿といい、さまざまな儀式や行事が行われた。

　かな文字を代表とする日本独自の文化が生まれた平安時代。そのはじまりとなる、延暦3年（784年）。桓武天皇が最初に遷都を試みたのは、平安京ではなく長岡京であった。奈良時代、貴族の争いや、寺社勢力の力が強まったことで政局が不安定となった。桓武天皇は、この地で政治をやり直そうとしたのだ。

　長岡京の建設には、藤原種継という貴族が責任者に任命された。桓武天皇からの信頼も厚かったが、遷都から間もない延暦4年（785年）に暗殺されてしまう。また、種継暗殺の嫌疑がかけられた皇太弟の早良親王は、無実を訴えるために絶食。その後、島流しの途中で衰弱死した。

4

平安京の成立

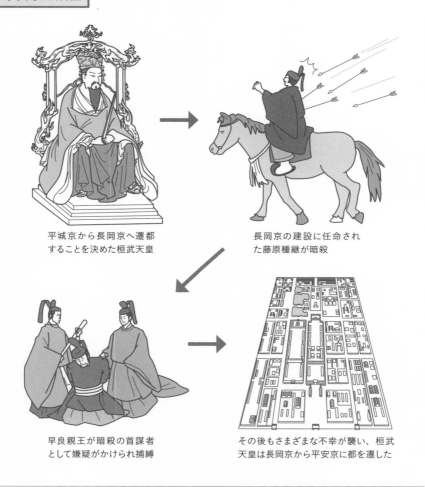

平城京から長岡京へ遷都
することを決めた桓武天皇

長岡京の建設に任命され
た藤原種継が暗殺

早良親王が暗殺の首謀者
として嫌疑がかけられ捕縛

その後もさまざまな不幸が襲い、桓武
天皇は長岡京から平安京に都を遷した

早良親王のたたりが原因なのだろうか、桓武天皇の親族が次々と病死。さらに、天然痘と呼ばれる感染症の流行、凶作や大洪水など、不幸が幾度も襲いかかった。長岡京に遷都してわずか10年、桓武天皇は再び都を移すことを決めた。それが、延暦13年（794年）の平安京遷都である。

明治2年（1869年）に東京に遷都するまで、日本の首都となった平安京。当時の日本は唐の文化の影響を強く受けており、街づくりは唐の長安にならって行われた。雅で風流な日本独自の国風文化が誕生するのは、平安京に遷都してからおよそ200年後のことである。

早わかり平安 ②

時代は唐風文化から国風文化へ

現在の中国に位置する唐の国は、世界の中でも屈指の先進国だった。奈良時代から唐の文化を吸収していた日本は、遣唐使の停止を契機として、独自の文化を生み出す。唐風から国風へと変わったのだ。

国風文化のきっかけ

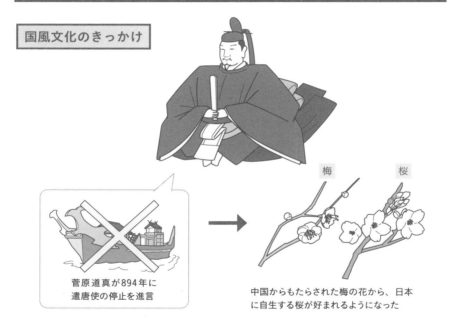

梅　　　　桜

菅原道真が894年に
遣唐使の停止を進言

中国からもたらされた梅の花から、日本に自生する桜が好まれるようになった

　国風文化が醸成される一端を担ったのは、学問の神様として知られる菅原道真であった。それまで朝廷は幾度となく遣唐使という外交使節団を唐へ派遣。そこへ朝廷に遣唐使停止を進言したのが道真だった。つまり、遣唐使が停止されたことで、国風文化が生まれる土壌が育まれたのだ。

　国風文化は、日本人の花木に対する美的センスも変容させた。たとえば、奈良時代に成立した『万葉集』では、梅の歌が桜の歌の3倍ほど収録されている。しかし、平安時代に編まれた『古今和歌集』では、梅の歌よりも桜の歌のほうが2.5倍も詠まれるという逆転現象が起こっている。梅の花は中国からも

服装の変化

平安初期
唐風の服装に近いが、ゆったり
とした服装に徐々に変化

奈良時代
唐の文化の影響を受け、『朝服』
に準じた服装だった

平安中期
自国の気候風土に合わせ、色合
いや仕立てがより和風なものへ
と変わった

たらされたものだが、桜は昔から自生する日
本の花木だ。
　また、国風文化の発展は、貴族たちの
ファッションからも垣間見られる。奈良時代
の貴族の服装は、唐の影響を色濃く受けてい
たものであったが、平安時代中期となると独
創性に溢れている。

　ちなみに、ファッションにかかわらず国風
文化がより顕著なのは、男性貴族よりも女性
貴族のほうである。文字を書く際、男性貴族
は漢字を使ったが、女性貴族はかな文字を使
うなど独自色を打ち出した。その背景には、
平安中期に黄金時代を築いた藤原氏が深く
関与している。

隆盛を極めた国風文化と貴族社会

国風文化を育んだ後宮の女官たち。その裏側では、権力を掌握せんとする男性貴族のパワーゲームが繰り広げられていた。本書がメインテーマとしている舞台は、まさにそんな平安中期の時代である。

外戚政治の関係図

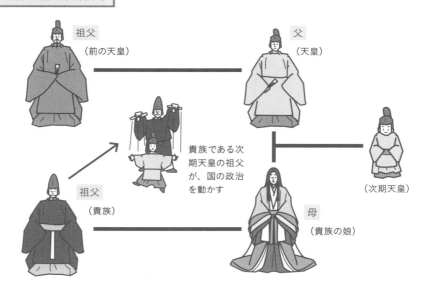

祖父
（前の天皇）

父
（天皇）

貴族である次期天皇の祖父が、国の政治を動かす

祖父
（貴族）

（次期天皇）

母
（貴族の娘）

　唐風文化を独自にアレンジした国風文化は、平安中期に権勢をふるった藤原氏のもとで開花したことから「藤原文化」とも呼ばれている。藤原氏は、自分の娘を天皇家に嫁がせて皇子を産ませると、皇子の外祖父として外戚政治を行った。だが、娘を嫁がせるというのは、そう簡単な話ではない。

　后妃が天皇の寵愛を受けるためには、それ相応の才知や教養が必要とされた。そのため後宮と呼ばれる宮殿に、全国から有能な女官が集められたのだ。かの有名な紫式部や清少納言は、後宮で后に教育を施した女官たちである。そして、この後宮内の文化的サロンこそが国風文化の本拠地であった。

後宮の女たち

后妃のお世話係として
女官たちが集められた

藤原道長の栄華

藤原道長は摂関政治に
より権力を強め、藤原
氏の全盛期を築いた

この世をば
わが世とぞ思ふ
望月の
欠けたることも
なしと思へば

　この文化的サロンを下支えしたのが、平安中期に栄耀栄華を極めた藤原道長である。道長は４人の娘を天皇家に嫁がせることに成功。紫式部が著した『源氏物語』が宮廷中に広まり、現代においても世界中で親しまれているのは、道長の厚い庇護があったからだといわれている。

　だが、そんな道長の時代もそう長くは続かなかった。息子の頼通が権力を引き継いだものの、天皇の后にした娘が男子に恵まれなかったのだ。その後、外戚として政治に参画できなくなった藤原氏は没落。それを境に、天皇家を取り囲む人間模様は、貴族から武士へと移り変わっていった。

contents

一章　後宮の作法

◆ 宮仕え

◆ 女性貴族

二章　暮らしの作法

三章 　通過儀礼の作法

◆ 幼 少 期

◆ 青 年 期

◆ 老 齢 期

四章　年中行事の作法

◆ 行事

五章　住まいの作法

◆ 住居

◆ 娯楽

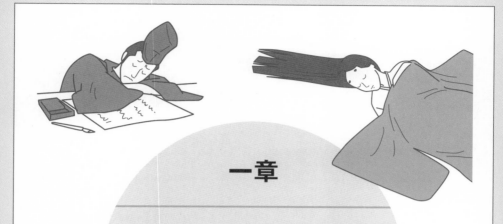

一章

後宮の作法
こうきゅう

天皇の住む殿舎の後方に位置する後宮。そこには后妃や
でんしゃ   こうひ
皇太后、女官など、さまざまな女性たちが暮らしていた。
こうたいごう にょかん
男子禁制というわけではなかったが、基本的には女性だ
らけの世界。後宮ならではの愛憎劇や作法を中心に、女
性貴族たちのリアルな生態を解き明かす！

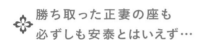

後宮の作法 その一

妻と妾の地位はイーブン
仁義なきバトルは夫の愛情次第！

該当する人々 ▷	皇家	上級貴族	中級貴族	下級貴族	庶民

該当する時代 ▷	平安前期	平安中期	平安後期

✿ 勝ち取った正妻の座も
必ずしも安泰とはいえず…

　平安時代は一夫多妻制であり、多くの貴族は2〜3人の妻を持っていた。平安前期には本妻と妾たちの間の差違はほとんどなかったが、時代が下るにつれ、次第に立場の差が生じるようになる。

　当時は招婿婚が基本スタイルで、男が女の家に通っていた。複数の妻や妾を持つ場合は、同居する妻の家から、夜ごとほかの女性のもとへ通ったのである。

　同居する場合、男（婿）が妻の家に住むのが一般的で、別の妻と新たに居をかまえることもあったが、夫の生家で同居することはなかった。また、同居しないほかの妻たちは独立した生活を営むのが通例であり、夫の留守に急な出費が生じたときは、同居している妻、もしくは妻の生家が融通していた。ただし、正式な妻ではない妾たちの日々の生活費の出所については、不明な部分が多い。『源氏物語』では、主人公の光源氏が妻たちの正月用の衣装を整える場面があるのだが、年中行事の際に費用や衣装を援助するのは、離れて住んでいても夫の務めであったようだ。

　一夫多妻ということもあってか、夫婦関係は絶対ではない。夫が妻のもとに通わなくなったり、妻が夫の訪問を拒否することで婚姻関係が解消されたりすることもあった。正妻の場合も同様で、夫が別の女性と同居をはじめると正妻の座が入れ替わる。そうして最後に同居していた妻が、夫の没後に遺産を運営管理するのが一般的だった。

　ひとりの夫に複数の妻。そして、あまり大きな違いがない妻・妾の間に生じる待遇の差。いうなれば正妻の座すら決して安泰ではない。雅で華やかな印象のある平安時代だが、その裏にはこうした不安定な立場から生じる女たちの嫉妬と憎悪が渦巻いていたのである。

婚姻制度

「不倫は文化」の平安時代

複数の女性を抱えることができた男性貴族。ただ、中には
ひとりの女性しか愛さなかった者もいたようである。

一夫多妻制
ひとりの女性を愛した貴族もいたが、妻や妾など数名の女性がい
ることは少なくなかった。基本的に夫は妻と同居し、そこから妾
の家に通った。上級貴族の場合は、一緒に同居しながらも妻に
はなれない、「召人」と呼ばれる側室的な存在がいた。

妻　　　　　妾

妻と妾
夫は妻だけでなく、妾にも資金援助をした。
つまり、同居の有無はあるものの、妻と妾
の立場に大きな差はなかった。

財産権
夫の財産は、最後に同居していた女性が管
理した。時代が下るにつれ、同居する妻は
「北の方」と呼ばれ、正妻と見なされるよう
になった。

男性貴族と顔を合わせる女房は、はしたない職業といわれていた

該当する人々	▷	皇家	上級貴族	中級貴族	下級貴族	庶民

該当する時代	▷	平安前期	平安中期	平安後期

❖ 男性とも働く宮仕えは白い目で見られていた

　平安時代の女性貴族は、家から出ないまま結婚して主婦となる箱入り娘タイプと、女房として勤めに出るキャリアウーマンタイプに分かれた。

　当時の王朝貴族が住む家は寝殿と呼ばれる建物を中央に置き、その東・西・北に対屋という別棟を設けた寝殿造の大邸宅。この寝殿は寝る場所ではなく正殿の意味で、対屋とは渡殿（渡り廊下）で結ばれている。貴族の姫君はまさに箱入り娘として、主にこの寝殿で暮らしていた。広大な邸であっても、外に出ることのかなわないカゴの鳥生活。その中でも女性たちは、できる限り美しさや教養を追求した。

　一方で、宮仕えに出る女性も多かった。宮仕えとは宮中や貴族宅で働くことで、そうした女性たちを女房と呼んだ。もちろん現在でいう妻の意味はなく、「房」は部屋のことで、もともと女房は宮仕えの女子に与えられた部屋を指していた。それがやがて、部屋の持ち主のことも女房と呼ぶようになったのである。

　女房には序列が存在する。順に、上臈、中臈、下臈。「臈」はもともと僧の修行の年数を表す語で、転じて年功や序列を指す言葉になった。

　宮仕えは女性のライフスタイルとして認知されていたものの、あまり好ましく思われていなかった。当時、高貴な女性が夫以外の男性と顔を合わせることははしたない行為とされ、多くの男性と働く宮仕えは軽蔑の対象とされたのだ。『更級日記』の作者・菅原孝標女は宮仕えに出る際、父親から「宮仕えなんて、とんでもなく悪い職業だ」とまでいわれている。

　ちなみに、紫式部と清少納言も、宮仕えの女性の代表格である。紫式部は中宮彰子、清少納言は中宮（のちに皇后）定子と、ともに一条天皇の妻に仕えていたライバルでもあった。

| 女性のライフ
スタイル | 結婚まで家にいるか、外に働きに出るか |

貴族女性には、家から出ないまま結婚して主婦となる箱入り娘タイプと、宮仕えに出るキャリアウーマンタイプがあった。

女房　　中宮　　女房

宮仕え
天皇や上級貴族などといった貴人たちは、相応の高い教養を身につけていた。それは仕える女房たちも同様。特に中宮（天皇の妻）に仕える女房は、主人の教育係も兼ねていたため、優秀な者たちが集められる傾向があった。紫式部しかり、清少納言しかりである。

箱入り娘
箱入り娘は親の庇護のもと、屋敷から一歩も出ることなく日々を過ごした。物質的には恵まれていても、羽を奪われたカゴの鳥生活であった。

平安FILE

平安時代の大作家・紫式部

平安中期の女性作家・歌人。藤原道長の娘・中宮彰子に女房として仕えた。紫式部は『源氏物語』に登場する紫の上にちなんだ通称。

女性貴族たちが働く後宮は、恋人探しの場でもあった

| 該当する人々 ▷ | 公家 | 上級貴族 | 中級貴族 | 下級貴族 | 庶民 | | 該当する時代 ▷ | 平安前期 | 平安中期 | 平安後期 |

❖ 良縁を望むのだったら宮仕え 運がよければ天皇の母に！

当時の王朝貴族たちは、ある思惑から娘たちを宮中に送り込んでいた。まず当人の立身出世を目指すのはいうまでもないが、自家の繁栄のためという目的がその先にあったのだ。

特に、こぞって娘を宮仕えに上げたのが摂政や関白、あるいは大臣家。そこには、あわよくば天皇の妻である中宮となってもらいたいという希望があった。いや、野心といったほうがよいかもしれない。万が一、娘が中宮（天皇の妻）となれば、お家の繁栄は約束されたも同然。さらにその娘が皇子を産もうものならいうことはない。

そうした野望の頂点といえるのが、誕生した皇子が天皇として即位すること。そうなれば中宮の実家は外戚として、天皇の政治の補佐役を担うようになる。国政を左右する立場に上りつめることができるのだ。

当時の後宮は、天皇以外の男性官人の出入りも許されていた。そこで摂関・関白の地位を独占する摂関家以外の上級貴族たちも、同様の考えから娘を宮仕えに出すようになった。

藤原継蔭女の伊勢は、宇多天皇の中宮となった温子に仕える女房だったが、やがて宇多天皇の寵愛を受けて皇子を産んでいる。伊勢は女流歌人としても知られ、小倉百人一首にその歌が収録される才人でもあった。

同じく和歌や漢詩の才に優れていた高階貴子は、宮仕えの中でのちの関白・藤原道隆に見そめられ、北の方（正妻）となった。貴子と道隆の間に生まれた娘が、清少納言が仕え、のちに一条天皇の皇后となる定子である。

とはいえ、宮仕えの目的が立身出世にあるとは限らない。栄達の道具、職業としてではなく、むしろ女性の高等教育の機会と捉えることも多かった。宮仕えを通じて見聞を広げ、自身の教養を深めようというものである。

宮仕え

宮仕えに出た女性は出会いの機会も多い

宮中や貴族の屋敷は、女性たちにとって教養を深める場であると同時に、身分の高い男性との出会いの場でもあった。

後宮に出入りする
上級貴族

後宮は男も出入り自由

後宮とは、皇后をはじめとした天皇の妻たちが暮らす宮中奥向きのこと。ここに出入りが許される男性は天皇だけというイメージがあるが、平安時代には男性官人の出入りも許されていた。となれば、そこは官人と女房、つまり男と女の出会いの場ともなる。

上級貴族との出会い

玉の輿を目的に娘を宮仕えに出す者たちもいた。しかし、貴族の男性から遊ばれて捨てられることもあったという。

天皇の寵愛

平安時代の玉の輿の究極は、天皇の寵愛を得ること。ライバルは多いが、将来の天皇候補となる皇子を産む幸運に恵まれることも。

紫式部は初出仕の日から
職場イジメの洗礼を受けた

該当する人々 ▷	皇家	上級貴族	中級貴族	下級貴族	庶民

該当する時代 ▷	平安前期	平安中期	平安後期

❀ バカなふりをして イジメを回避！

夫・藤原宣孝と結婚後3年で死別した紫式部は、創作の世界に現実逃避した。このとき書かれたのが大作『源氏物語』。「世界最古の長編小説」と称されることもあるこの物語は当時から高い評判を得て、朝廷屈指の実力者であった藤原道長の目に留まる。これをきっかけに、紫式部は一条天皇の中宮となった道長の娘・彰子に女房として仕えることになった。

そして迎えた初出仕の日。初日は誰だって緊張するもので、紫式部にしても同様。しかし、それ以上に紫式部の心にダメージを与える出来事が宮中では待ち受けていた。イジメである。周囲に無視され、ショックを受けた紫式部は、出仕を拒否して5カ月ほど引きこもってしまう。

超話題作の作者というのもさることながら、「日本紀(『日本書紀』)を読み込んでいるに違いない」という一条天皇からの称賛を受け、これが同僚たちの気に障った。イジメの背景には、やっかみがあったのだ。挙げ句、「日本紀の御局」というあだ名までつけられてしまう。女だてらに漢文を得意としていた紫式部を揶揄したものである。

こうしたイジメへの回避策として紫式部がとったのが、バカキャラ作戦である。「自分は"一"という漢字も書けないトロい女ですよ」というふりをしたのだ。嫌味に対し間の抜けた返事をすることで、同僚たちは紫式部を「才能を鼻にかけない、おっとりした女性」だと認識するようになったという。

ところでこの紫式部や清少納言、『更級日記』の著者・菅原孝標女らには、受領(地方の責任者)の娘という共通項があった。受領を務める中級貴族は大貴族のような要職を望めない代わりに、娘に教養を身につけさせ、女房として宮中に送り込むことで、地位の保全と一族の安泰を図ったのである。

職場イジメ

優秀な者ほど目の敵にされる

宮仕えの女房たちは互いにライバル意識を持っていた。
それゆえに、現代でいうところのイジメも存在した。

初出仕
女房たちの初出仕は10代である場合が多
い。また、地方から大都会の平安京にやっ
て来たとなれば、その緊張ぶりは半端ない
ものであっただろう。

宮中でのイジメ
先輩による後輩イジメは時代を問わない。
特に宮中は、先輩や同僚たちの噂や陰口な
ど、複雑な人間関係の中で働かなければな
らなかった。

イジメの回避策
できる女と思われると、やっかみの対象に。
これをかわすにはバカキャラを演じるのが
一番。紫式部は嫌味を言われても、わから
ないふりをしてイジメを回避した。

受領の娘
受領は中級貴族が就任する地方の行政官。
出世の足がかりに娘を宮仕えに出すことが多
かった。紫式部や清少納言もそのひとりで、
後宮には教養のある女房が多くいた。

23

十二単は必ずしも
12枚とは限らなかった

該当する人々	皇室	上級貴族	中級貴族	下級貴族	庶民

該当する時代	平安前期	平安中期	平安後期

❖ 目上の人の前に出るときは
正装するのが当時の礼儀

　宮仕えの女性たちを除けば、貴族の子女は人生の大半を屋敷の中で過ごす。そうした生活で自己を主張できるものといえば衣装（装束）だけ。それだけにおしゃれは、身分や人間関係といった社会的地位、財力にとどまらず、当人の性格やセンスのよし悪しを表す、重要な意味を持っていた。

　当時の女性が、着衣の一番下につけていたのが袴と単衣。袴はいわゆる下半身用の下着で、単衣は上半身用の下着である。平安女性を描いた絵画などで、衣服の両端に赤い布が見えている。これが袴で、その上に単衣を着た。単衣もサイズが大きいため、顔をそっと隠したり、涙を拭いたりするのに適している。

　この時代の女性の正装は、朝服（古来、官人が出仕の際に着た装束）から変化した裳唐衣姿。十二単ともいわれる。袴と単衣をベースに、数枚の袿を重ね、その上に打衣、表着と身につけていく。そして最後にスカートのような裳とジャケット状の唐衣を着けた。これが儀式に出るとき、あるいは出仕の際の正装である。

　女房たちは主の前に出るとき、常にこうした正装をしなければならなかった。唐衣が省かれることもあったが、その場合でも裳だけは必ず着ける。重要な儀式に列席する際には、裳唐衣姿よりさらに格式の高い礼服を着た。

　宮仕えに出ることのない貴族の箱入り娘たちは、正装である裳唐衣を身にまとうこともなかった。袴に単衣をつけた状態は今でいうパジャマにたとえられるが、実際この時代の絹は薄く、単衣だけだと肌が透けて見えた。彼女たちは、これに袿を着た姿で日常を過ごす。ただし来客を迎えるときなどは、準正装として上に軽い羽織りものである小袿や細長を着るなどのおしゃれをした。

裳唐衣姿
（十二単）

重ね着がマナーだった宮仕え女性の正装

女房たちは主の前に出るときに常に正装する決まりだった。
そんなところから裳唐衣姿は女房の装束といわれることも。

正面

平安女性の正装だった裳唐衣姿。出仕の際
にも身につけた。十二単の俗称で知られる
が、重ねる衣は必ずしも12枚に限らない。

背面

袖口や褄（裾の両端）の重なり具合や、色の
見え方に趣向を凝らす。当時の女性は、重
ね着ならではの楽しみ方を追求していた。

髪上げ

貴族の姫君にとっての成人式に当たるのが
裳着。このとき初めて裳を身につけ正装を
し、垂らしていた髪を結い上げる（髪上げ）。

平安FILE

夏でも重ね着が基本スタイル

平安時代の女性たちは夏でも重ね着をして過
ごした。ただし、衣は裏地のない薄いものを
着るなど工夫をしていた。どうしても暑い場
合は、単衣だけで過ごすこともあったという。

歯を黒くしたのは白塗りの顔を際立たせるためだった

該当する人々 ▷	皇家	上級貴族	中級貴族	下級貴族	庶民

該当する時代 ▷	平安前期	平安中期	平安後期

❖ 身だしなみを整えるのは宮仕えの第一の心得

朝の寝起きの顔を「朝顔」と称した平安時代。女性貴族たちは起き抜けの朝顔を他人に見られるのを恥じ、身だしなみを整えるまでは誰にも会わない習慣があった。宮中で働く宮仕えの女房たちの場合は特に、朝起きてすぐ容姿を整えることは務めのうちともいえた。

化粧を「顔づくり」といった時代である。直接的な表現だが、具体的には鏡を見ながら顔に白粉を塗り、頬や唇には紅をさし、眉を抜いて眉墨で眉を引いた。さらには歯黒めもした。まだこれだけでは終わらない。髪をとかし、衣服に香を焚きしめて身だしなみを整えた。ここまで済ませて、ようやく顔づくりも一段落となる。

顔づくりの際、手や顔、さらには髪を洗って整えるのに用いた整容具には、定番のものがあった。水や湯を入れ、手や顔を洗ったり口をすすいだりするのに用いる盥、盥に湯水をつぐための器（楾）、姿を見るための鏡などだ。整髪具には櫛、鋏、笄、髻（髪を頭で束ねたもの）を結ぶ元結など、櫛箱に入っていた。こうした道具は室内の装飾の側面もあり、寝殿で用いられる調度のひとつ、二階棚に置かれるのが普通だった。二階棚は、手回りの道具などをのせておく二段になった棚である。

髪は女性の命。今もよく聞かれる言葉だが、平安の女性の魅力は、今以上に、髪の美しさによるところが大きかった。当時の女性は垂れ髪で、耳のそばの鬢の毛は肩の辺りで削いでいた。女子の成人式に当たる裳着では髪上げの儀式を行う。垂れ髪を結い上げて前後に折り返し、元結でくくるか、釵子（女房が正装で用いる簪）を挿して留めた。儀式のあとはもとの垂れ髪に戻るが、鬢の毛は肩のあたりで切りそろえる。女子が初めて眉を整え、お歯黒をつけるのも裳着の儀式だった。

整容具

朝の「顔づくり」に欠かせない愛用の整容具

後宮で働く女性たちは、現代とあまり変わらず朝イチで洗顔をしたり口をゆすいだ。そのとき使った道具を紹介する。

手水 (ちょうず)

顔や手を洗うこと、またはそのための道具を手水という。手水の際は、楾（湯や水を注ぎ入れる器）や盥などの整容具を用いた。

角盥 (つのだらい)

左右に2本ずつ角状の取っ手がついた手水のための道具。取っ手は持ち運び用以外に、濡れないよう袖を掛けるために使った。

貫簀 (ぬきす)

竹で編んだ小型の簀。手水の最中に水が飛び散らないよう、角盥の上に置く。また、盥を使わないときの覆いとして利用した。

楾 (はんぞう)

手水の際に手や器に湯水をかけるための道具。角盥とセットで用いた。洗顔や洗髪の際に使われた。

27

鏡

整容具としての鏡が普及した時代

主に祭祀用の道具だった鏡が、平安時代に入ると化粧のための道具として普及。女性にとって必須の化粧道具となった。

鏡台

平安時代に使われていたのは根古志形というタイプの鏡台。木の根の形をした5本の湾曲した脚と、頂上に載せられた宝珠が特徴。

鏡箱

当時の鏡は青銅製なので酸化してやすい。そこで、使わないときは入帷子（長方形の布）に包んで鏡箱に入れて保管した。

唾壺

喉にからまった痰を吐き入れるための容器。主に銀製。壺の上に盃のような容器が乗っている。間もなく実用性を失い、装飾品として置かれるようになった。

唐櫛笥

櫛など各種化粧道具を入れる箱。大小2つの箱を重ね、脚付きの台の上に置いた。上の箱には白粉や香を、下の箱に化粧道具を収納。

ゆする坏

洗髪・調髪のために用いる米のとぎ汁などを「ゆする」という。当時は養毛に効果があるとされた。ゆする坏は、これを入れるための容器。

櫛箱
（くしばこ）

多種多様な整容具を櫛箱に収納した

女房たちが使う櫛箱には、髪を整えるための櫛や鋏、装飾的な用途で髪につける笄や釵子、さらに耳かきも入っていた。

平安時代の化粧
白粉と紅は化粧の基本。さらに毎朝、眉墨で眉を引き、歯を鉄漿で黒く染めた。鉄漿は鉄片を酢などにひたして作った液体。

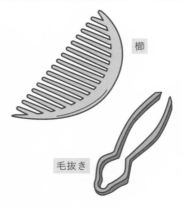

櫛

毛抜き

櫛・毛抜き
櫛には髪を解くための解櫛、梳くための梳櫛、髪に挿して飾りとする挿櫛がある。毛抜きはその名のとおり、毛を抜くためのもの。

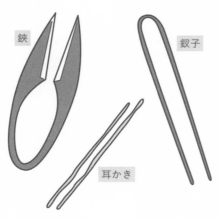

鋏

釵子

耳かき

鋏・耳かき・釵子
鋏は髪を整える際に使用。出家する際にも使われ、その際は肩のあたりで髪を揃えた。また、釵子は髪を留める道具で、髪に挿すときは飾りの長い尾をつけた。

平安FILE

男性も髪を結んでいた

元結（もとゆい）

髻（髪を頭の上で束ねたもの）を結ぶのに用いる細い紐。組糸や麻糸が使われた。元服の際に初めて髻を結ぶ行為を初元結という。

女性貴族に求められたのは頭脳よりも芸術センス

該当する人々 ▷	皇家	上級貴族	中級貴族	下級貴族	庶民

該当する時代 ▷	平安前期	平安中期	平安後期

❖ 仕える女房が優秀なほど天皇の目に留まりやすい

宮仕えの女房たちにとって、自分の仕える主人の世話をするのが日々の務めだった。その主な職務は、衣食など身の回りの世話全般。仕える相手が中宮ともなれば、教育係としての働きも期待される。また、主人の話し相手をすることもあった。紫式部や清少納言も、主人と近い距離で中宮の女房としての務めを果たしていた。

異性の客と主人が直接会って話をすることがなかった時代。客との間に立って、会話の中継をするのも、女房にとって大切な仕事のひとつだった。ここで注意すべきは、主人の言葉をそのまま真っ正直には伝えないこと。内容を巧みにアレンジし、中宮にふさわしい品位と教養に満ちた応答を心がけるのが重要だった。主人が立派な女性という評判が立とうものならばしめたもの。その噂が天皇の耳に届くことで

もあれば、寵愛もいよいよ深まろうというものである。

そのため、宮仕えする女性にとって、教養は最大の武器となった。ただ、ここでいう教養は、今とはニュアンスが異なる。紫式部が初出仕時に漢文の知識をからかわれたように、学問らしい学問を指したものではない。和歌、管弦、物語などに精通することを意味した。理より情。感受性が尊ばれたのである。芸術性に優れたセンスは後宮における集団生活の中で、互いに磨き合うものでもあった。

現代人には想像もつかないが、当時の宮中の女性は、身の回りのちょっとしたことに美を見出し、これを楽しんだ。月の光を眺めながら同僚たちとおしゃべりを楽しんだり、足下の草花を愛でたりといったように、情緒的な日々を送っていたのである。そうした時間を過ごしながら育まれた高い感受性が、宮仕えに求められる知識や教養を下支えしていたのだ。

女房の教養

学問より芸術に対する感性のほうが重要だった

宮仕えの女性たちは、与えられた職務だけをこなせばいいわけではない。音楽や文学といった幅広い教養も求められた。

和歌
和歌は元来、中国の漢詩に対する日本の歌の意。平安時代は貴族の教養のひとつとなり、短歌形式のものを示すようになった。

楽器
日本古来の楽器に加え、雅楽と共に中国から多様な楽器が伝わった奈良〜平安時代。貴族社会にも器楽合奏が広く普及した。

踏歌(とうか)
踏歌は奈良時代頃に中国から伝わった集団歌舞。男女が求愛の歌を掛け合う日本古来の行事に「歌垣(うたがき)」がある。踏歌はこれを吸収し、しだいに芸能化していった。実際に女房たちが踊るわけではないが、足で地を踏みながら、拍子をとって歌った。

宮仕えの報酬は
銭貨ではなく絹

該当する人々	▷	皇族	上級貴族	中級貴族	下級貴族	庶民

該当する時代	▷	平安前期	平安中期	平安後期

❖ 日々の決められた仕事のほか 宮中儀式のサポートも行った

　皇后や中宮には、身の回りの世話や雑務を担当するたくさんの女性がいた。それは貴族の場合も同様。高貴な女性の日常は、多くの働く女房たちに支えられていたのである。

　特に宮中では、毎日の仕事以外にもやることがある。宮中行事への奉仕だ。その最たるものが践祚（皇太子が天皇を後継すること）・即位の大礼や、あるいは大嘗祭や立太子礼といった諸々の典礼である。とにかく宮中では儀式が多く、年中行事のほかに、皇子や皇女の成長に合わせた行事も頻繁に行われた。皇子の成人式にあたる元服の儀や、同じく皇女の裳着の儀、婚姻に際する成婚の儀などである。年中行事とは異なり、不定の日時に行われるこれらの儀式にも、宮仕えの女性たちは働き手として奉仕した。

　天皇に近侍する女房たちには、また

別の決められた仕事があった。奈良時代から平安時代にかけて、日本は中央集権的な国家体制をとっていた。その基本となったのが律令である。律令制のもとでは、後宮で働く女房たちの仕事も細かく決められていた。そして、それらの仕事を内容ごとに後宮十二司に振り分けた。「十二司」の名のとおり、いわば部門別に置かれた12の役所であり、後宮においてそれぞれ次のような仕事を司った。

　①内侍司（天皇への奏請と勅旨の伝達）②蔵司（天皇の神璽や衣服）③書司（書籍・文房具）④兵司（軍事）⑤闈司（諸門の鍵の出納管理）⑥薬司（医薬）⑦殿司（燈火・清掃）⑧掃司（営繕・清掃）⑨膳司（食事）⑩水司（水・粥）⑪酒司（酒造）⑫縫司（衣服の裁縫）の十二司である。このうち最も重要な位置づけだったのが内侍司で、天皇に勅許を求めたり、また勅旨（公文書）を下々に伝達したりする役目を担っていた。

後宮の仕事①

後宮の業務は女性官人が行っていた

男性官人の出入りに制限がある後宮では、後宮十二司に代表される女性官人が天皇に近侍して各種業務を行っていた。

内侍司（ないしのつかさ）

天皇に近侍する秘書的な役所。宮中の礼式、奏請（天皇に許可を願うこと）を司る。後宮十二司でも特に重要な役職とされていた。

膳司（かしわでのつかさ）

後宮十二司のひとつ。食膳（食べ物を載せる膳）や食事、果蔬（果物と野菜）、あるいは試食に関することを司った。

蔵司（くらのつかさ）

貴人の身の回りの世話も仕える女房の仕事。重ね着が普通であった時代なので、着替えも女房が手伝って行った。

裁司（ぬいのつかさ）

裁縫も女房たちの仕事。宮中で用いる衣服や賞賜用の衣服の裁縫、さらには帯や組紐の製作は後宮十二司の縫司が司った。

書物・楽器・お酒の管理は女房たちの仕事

宮仕えの女房たちは書物、楽器、お酒などを管理した。大切なものを管理する重要な仕事を任されていた。

書物の管理
書物の管理も重要な仕事。後宮十二司の書司がこれを行った。書司は文房具（紙・墨など）に関することも司った。

楽器の管理
本来は典籍（書物）や文房具の保管が書司の仕事であったが、平安時代以降は、管絃楽器の管理が主な仕事になっていった。

お酒の管理
酒に関することは、後宮十二司の酒司（造酒司）が司っていた。宮中で用いる酒・醴・酢などの醸造も酒司が行っていた。

平安FILE

禄として絹がもらえた

女房たちは定期的に、禄（給与）を支給されていた。この場合の禄は絹が多く、年中行事や慶事に奉仕したときにも支給された。

後宮の仕事③

ほかにもまだある宮仕えの大切な仕事

日常に欠かせない照明の火付け係や掃除の仕事はもちろん、
皇族への講義や薬の調合も後宮の女房たちが行っていた。

宮仕え

女性貴族

火を灯す
夜になると掌灯を手に、殿司の女官たちが
各殿舎を回って、所定の場所に置かれた灯
籠に火を灯していった。

掃除
広い殿舎の清掃も女房たちの仕事。清掃に
関しては掃司が司っていた。掃司は後宮十二
司のひとつで施設の管理も担当している。

御進講（ごしんこう）
天皇や皇后をはじめとする皇族に対し、学
問の講義を行う。現在も行われているこの
御進講は、平安時代にもしばしば行われて
いた。

医薬
天皇に薬を奉るのは後宮十二司の薬司の仕
事。ほかに毒味も行った。天皇の薬の処方
は、内薬司（うちのくすりのつかさ）というまた別の役所が行った。

廊下に糞尿を撒いて
ライバルを足止めさせた

該当する人々 ▷	皇家	上級貴族	中級貴族	下級貴族	庶民

該当する時代 ▷	平安前期	平安中期	平安後期

『源氏物語』にも描かれた
嫉妬からくる陰湿なイジメ！

　御所の内でも、後宮は特に限られた空間。その中に天皇の寵愛を得るべく、上昇志向の強い女性たちがあまた集まっているとなれば、ただで済むはずがない。そこには嫉妬や憎悪、羨望や怨嗟が渦巻いていた。

　『源氏物語』にも、そうした嫉妬からくる同僚イジメが描かれている。ターゲットとなっているのは、主人公である光源氏の母・桐壺更衣。帝（天皇）の妃には序列があり、皇后を頂点に中宮、女御、更衣と続く。桐壺は下位の更衣の地位にあったが、帝から特別な寵愛を受けていたため、周囲の嫉妬を一身に集める境遇だった。加えて帝の子どもを得たことにより、妃たちのイジメは陰湿の度合いを増す。

　後宮というのは総称である。個別には各種儀式が執り行われる紫宸殿、帝の住む仁寿殿・清涼殿の後方にある、后

妃などが住む七殿（承香殿・常寧殿・貞観殿・麗景殿・宣耀殿・弘徽殿・登花殿）と五舎（昭陽舎・淑景舎・飛香舎・凝華舎・襲芳舎）によって構成されていた。

　常に桐壺を身近に置いておきたいと思うほどに帝の執着は強く、夜ともなれば必ず自らのもとに呼び寄せた。身分の低い桐壺の部屋は、後宮の端の淑景舎にある。帝のもとに赴くには、嫉妬にかられるライバルたちの部屋の前を通っていかなければならない。針のむしろである。

　それが心理的なプレッシャーだけならまだしも、実害のある嫌がらせを受けることもあった。汚物を廊下にまき散らしたり、渡り廊下の前後の戸を閉めたりして、廊下に閉じこめるといったことである。そうなると、帝のもとに行くこともかなわなくなる。そうした心労から光源氏３歳の折に早世したというのが『源氏物語』の描くところ。以上はフィクションだが、実際にも同様のことはままあったと想像される。

嫉妬

天皇の寵愛を得たことで受ける数々の嫌がらせ

平安の世は天皇を頂点とした貴族社会。不可侵の存在である天皇の寵愛を受けた者への嫉妬は、強烈なものがあった。

汚物

廊下に汚物

身分が低い者は、後宮の端の自室から天皇のもとへと向かう。その途中、ライバルたちは廊下に汚物をまくなどして嫌がらせをした。天皇を待たせてはならず、さりとて汚物のついた装束で訪ねるわけにはいかない。それを見てまた、ライバルたちがほくそ笑む。

ヒソヒソ話

噂話はその内容もさることながら、わざとヒソヒソと当人が気づくように行われる。それが噂されている側には、いたたまれなかった。

無視

中宮や、それに仕える女房たちが集団生活を送る後宮においては、周囲から無視されると何事も立ち行かなくなってしまう。

丸顔でぽっちゃり体型が美人の条件

❖ 長く黒い髪が美女の条件 つけ毛で長く見せる女性も

『源氏物語』は平安時代の宮中の風俗や、貴族や女房達の人間模様を今に伝える重要な歴史史料でもある。著者・紫式部の文才や教養あってこそではあるが、作品以前に、彼女が芯からの宮廷ウォッチャーであったことは間違いない。そんな紫式部が、宮中の様子について記したのが『紫式部日記』だ。当代きっての作家による日記。そこには史料からはなかなか読み取れない、平安時代を生きる高貴な人々の日常が描かれている。この中で、当時の美人の基準について語られている。

平安女性の美をいうとき、特に重要視されたのは髪。当時は体の露出度が低く、装束に覆われていない部分といえば髪・顔・手に限られる。したがって、体型よりもこれらの部分に美の基準が集中していた。とりわけ髪は日本女性の美を象徴するものとされ、まっすぐで艶やかな長い髪は称賛の対象となった。

顔は個々のパーツに細分化され基準が示されている。目は切れ長の引目であまり大きくないほうがよい。鼻は小さめのかぎ鼻。口元も大きくなく、引きしまったほうがよいとされた。また、顔は下ぶくれの丸顔が美しいとされた。このように、ふくよかさに美を見出す傾向が当時は強かったのだろう。体格も痩せ型より太めの女性のほうが、身長は高いよりも小がらなほうが美人とみなされた。

衣服の色や紋様などのセンスも問われた。また、春物を重ね着していたため、その色の組み合わせも教養のひとつだったという。よって顔や手、髪に施す化粧もファッションとの調和が重要視された。内面的には教養をひけらかさないほうがよいとされたが、一方で和歌などのセンスは問われたので、女性たちにはそのさじ加減が悩ましいところだったろう。

女性の美①

平安装束は体が見えないので顔が美の基準

身体的な美は、衣服から露出している顔と手で判断。見た目がおしゃれなことも美人の条件だった。

おしゃれであること

他者と差別化できるものといえば衣服。重ね着の組み合わせは季節の移ろいを表現し、その色合わせでおしゃれに磨きをかけた。

切れ長の目でややカギ鼻

目と鼻は顔の印象を決める重要なポイント。平安時代はスッとした切れの目に、高くて少し曲がり気味のかぎ鼻がよいとされた。

丸顔で小太り

美人とされていたのは、スッキリした顔立ちより、小太りのぽっちゃり顔だった。丸みをおびた広くないおでこも条件のひとつだった。

手の美しさも重要

手の美しさもまた美人の条件のひとつとされた。肌は白く、細すぎない少しふくらみのある手がよしとされた。

女性の美②

筆遣いの美しさが品のよさを表す

当時の男女の恋愛は文の交換からはじまる。ルックスもさることながら、筆の巧さも重要な要素だった。

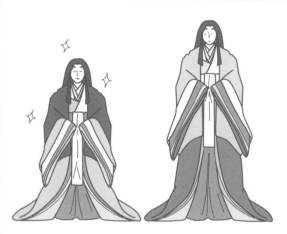

高すぎる身長はNG
高身長は美人の定義からは外れていた。平安時代の女性の平均身長は140cm前後といわれ、小柄な女性がよしとされた。

グラマーである必要はない
身長と同じくボディラインも衣服に隠され他人にわからない。したがってグラマーだから男性の気を引くということにはならなかった。

達筆であること
男女のコミュニケーションは手紙（文）と、添えられた和歌によって行われる。達筆であることはそれだけで大きな魅力となった。

平安FILE

男も化粧していた

時代劇に登場する公家は白粉に紅を引いた上、眉やお歯黒もしている。男性官人に化粧の習慣ができたのは平安時代以降で、高貴な印象をつけるために必要とした。

女性の美③

黒く長い髪は女性の美の象徴

髪が女性の美の象徴とされていた平安時代。まっすぐで艶やかな長い髪は、誰からも称賛を受ける全女性の憧れだった。

長く艶やかな髪が美しい

長く艶やかな黒髪はそれだけでじゅうぶんに美しいが、重ね着された色とりどりの装束とのコントラストが、その美を一層際立たせた。

泔坏（ゆするつき）

髪の手入れは一日がかり

当時のシャンプーは泔（ゆする）という米のとぎ汁であり、櫛につけて髪をすいたり、泔を染み込ませた布を丸めて髪を叩いたりこすりながら、髪を洗った。

就寝時の寝姿

大事な髪も就寝時にはジャマになる。多くはうしろへ髪を投げ出して寝ていた。また、髪を結んだまま寝る者もいた。

つけ毛をする者もいた

髪の量や生え方は人それぞれ。美しく長い髪に育たない女性はつけ毛をすることで、美人の基準であるかりそめの長髪を得た。

年頃の貴族の娘は、親兄弟にも素顔を見せなかった

該当する人々 ▷	皇家	上級貴族	中級貴族	下級貴族	庶民

該当する時代 ▷	平安前期	平安中期	平安後期

❖ 薄幸の美女を想像していたらイメージとはほど遠く……

宮仕えの女性たちは例外として、箱入り娘として育てられた貴族の姫君たちは、成人式（裳着）を過ぎると、男子とは直接顔を合わすことができなくなる。裳着の年齢は決まっていなかったが、12〜14歳の10代前半に行われるのが通例であった。つまり、お年頃にはなったものの、肝心の異性との接触機会がなくなってしまうのだ。

平安中期以降はこの傾向がさらに強まり、たとえ親兄弟であっても例外ではなくなる。異性と対面しなければならないケースでは御簾越しに、あるいは扇などで顔を隠して相手と会話するのが慣習となっていった。

こうなると、現代風の出会いなど望むべくもない。たまたま見かけて一目惚れするなどないし、女友達からの紹介や、何かの折にお近づきになることもない。男性からのアプローチを待つしかなくなった。

男性にしてみても、女性の顔を直接見ることはかなわない。誰それの娘はかわいい、どこそこには美しい姫君がいるなどといった噂を頼りに、恋のきっかけを探し求めた。実際、噂や評判を聞いて恋に落ちるのが平安貴族の恋愛スタイルだった。

『源氏物語』の第6帖『末摘花』の巻は、光源氏が噂をもとに零落の姫君に恋をする話。末摘花はその姫君のあだ名である。常陸宮という皇族の姫君（末摘花）が、あばら屋に住んで困窮生活を送っていると、噂に聞いた光源氏。その境遇を哀れに思ううちに、姫君は薄幸の美女に違いないと妄想を膨らませたはいいが、口説き落としてみれば、その不美人さと男あしらいの不器用さに幻滅する話である。

このように顔を見ぬうちから、噂などを信じ相手を美人に違いないと幻想を抱くケースは、少なからずあったことだろう。

見えそうで見えない相手の顔

御簾

貴族の邸でカーテンのように用いられた御簾。姫君たちの存在は、御簾越しにうっすらとだけ確かめることができた。

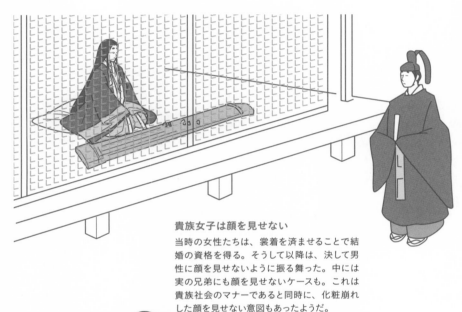

貴族女子は顔を見せない

当時の女性たちは、裳着を済ませることで結婚の資格を得る。そうして以降は、決して男性に顔を見せないように振る舞った。中には実の兄弟にも顔を見せないケースも。これは貴族社会のマナーであると同時に、化粧崩れした顔を見せない意図もあったようだ。

扇の役割

灯の乏しい中、女性たちは顔を白く見せようと、こぞって厚塗りしていた。扇は崩れた白粉を隠すためにも手放せないアイテムだった。

情報だけで恋に落ちた

貴族男子は尾ひれのついた噂に胸をときめかせ、まだ見ぬ深窓の姫君に恋い焦がれた。女性の家柄や教養が自分のタイプであるかも大切な情報だった。

ラブレターの返信は、
両親が代筆することもあった

後宮の作法
その十二

該当する人々 ▷	皇家	上級貴族	中級貴族	下級貴族	民民

該当する時代 ▷	平安前期	平安中期	平安後期

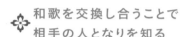

和歌を交換し合うことで
相手の人となりを知る

　成人男女が自由に会うことができない時代。手紙が双方をつなぐ唯一の手がかりだった。家から出ることも稀な女性にとっては特に重要な意味を持ち、内容のみならず、使われる用紙や墨の色も送り手の人柄を示すものと見なされた。もちろん筆跡もである。いわば手紙は送り手の教養とセンスの見せどころだったのである。

　季節の移り変わりを敏感に捉え、相手に自らの心情を切々と訴えかける。そんな情趣のこもった文を取り交わすうちに、互いの気持ちの深いところに触れるようになっていく。そうして男女は絆を深めていったのだ。

　プロポーズの手紙は、男性から送るのがルールだった。その際、直接手渡すわけにはいかないので、相手の乳母や女房を通して渡すことになる。手紙の内容は恋の告白に自己紹介を添えたものだが、必ず返信がもらえたわけではない。ただ、相手から反応がなくてもすぐには諦めない。3回、4回と手紙を送り続けて、ようやくつれない返事がくるのだ。だが、これはルールなので挫けることはない。和歌には和歌を送り返し、これを何度かくり返したあとに結婚が成立する。

　男女間をくり返し往復する文面や和歌は、必ずしも本人たちが作ったものではない。身近で仕える女房、あるいは親たちが代筆するケースも多かった。また、この間、女性の親が男性の身辺調査を行うケースがあるのは現代と変わらない。やはり結婚ともなれば、相手の氏素性や教養のほどが気になって当然だろう。

　手紙は出すタイミングも重要だった。遅いのは問題で、できるだけ早い返信が求められた。特に情事の翌朝、女性宅から戻った男性が送る「後朝の文」は、早ければ早いほど愛情が深いとされていた。

手紙（文）

唯一にして最強の恋愛ツール

直接会って相手を知ることができない。そこで手紙を通じて
交流し、やがて結婚に至るのが平安時代の恋愛の作法だった。

男から手紙を出す
プロポーズは男からが決まり。美しい姫君の
噂を聞いたり、その姿を垣間見たら、教養と
センスの限りを尽くして手紙をしたためる。

本当に脈がない場合も……
女性貴族は自分を安売りすることはせず、3〜
4回ほど手紙を送ったときに返事を書く。何十
通と手紙を送って返事すらない場合は、本当
に脈がないといえる。

何回か断るのがルール
手紙を送っても、基本的には女性側の返
事はNO。相手がどんな人物であれ、どん
なに心を打つ内容であっても、そうするの
が平安貴族の中でのルールだった。

親が返事を書くこともある
誰もが気の利いた文面、和歌を思いつくわ
けではない。そこで親が登場。わが子に代
わって返信をする。双方が代筆するケースも
あった。

駆け落ちした貴族は、平安京から関東へ逃れた

該当する人々	皇家	上級貴族	中級貴族	下級貴族	庶民

該当する時代	平安前期	平安中期	平安後期

❖ リアルで逢えないなら せめて夢の中で…

　恋に恋するのは乙女の特権。それは平安の世を生きた女性貴族たちも変わらない。年頃になっても男性と気軽に会えない事情も手伝って、片思い中の女性たちは、恋する相手の面影を追って切なく胸を痛める日々を送っていた。

　そんな女性たちの間では、強く念じることで、恋する相手が夢の中に現れるものと真剣に信じられていた。実際に会えないならば、せめて夢の中ででも逢瀬を楽しみたい。そんな切実な願いの表れである。

「思ひつつ寝ればや人の見えつらむ
夢と知りせば覚めざらましを」

『古今和歌集』に収録された小野小町の歌である。現代語に訳すと、「思い続けながら寝たおかげで、あの人の面影を見ることができたのでしょうか。夢とわかっていたら目を覚まさなかったものを」という意味である。

　クレオパトラ、楊貴妃と並んで世界三大美女に数えられる小野小町でも、恋する相手を想い、このように胸を焦がしたことがあったのである。

　片思いが両思いになっても、置かれている状況によっては、それでめでたしめでたしとはならない。それが禁断の恋であったとしたらどうだろう。

　2人の身分に差があったり、いずれかに親の決めた婚約者がいたりするなど、それが許されぬ恋であったとしたら、かえって2人の恋心は激しさを増す。今も昔も変わらず乙女の心を騒がすのは許されぬ恋だからだ。

　そうして盛り上がった2人の気持ちが頂点に達したとき、場合によっては駆け落ちをすることもあった。そんなときの逃亡先としては、関東が選ばれることが多かったようだ。当時の関東は、まだまだ草深き田舎。『伊勢物語』には都を離れ、遠く武蔵野まで逃げ、ついには役人によって捕らえられる恋人たちのエピソードが描かれている。

恋愛観

情熱的だった女性貴族たち

女性貴族は多くの恋の歌を後世に残した。『源氏物語』の作中にも恋に苦しむ女性たちの歌が引用されている。

夢で会いたい

好きな人が夢の中に出てくる回数が多いほど、相手は自分のことが好きであると当時は信じられていた。そのため、恋する女性は夢で好きな人と会うことを切に願った。

この雨は私の涙

涙雨というように雨を涙にたとえるのは現代も同様。違いといえば平安女子たちが、感傷に流され日常的にそれを歌に詠んでいたこと。

あなたを思っていたら朝になっていた

恋愛相手との交流は、手紙でのやりとりと限られた逢瀬のときだけ。恋する乙女にとって、ただ想うだけの夜は長かった。

平安FILE

手紙に花木を添えた

秋なら紅葉という風に季節の草木の枝を折り、手紙を結んで相手に送った。文付枝とも、折枝ともいう。紫の紙に藤など配色をそろえるのも重要。

結婚相手の素顔を見られるのは初夜を過ごした翌朝

該当する人々 ▷	皇家	上級貴族	中級貴族	下級貴族	庶民

該当する時代 ▷	平安前期	平安中期	平安後期

❖ 結婚して初めてわかるおどろきの素顔!

男性のプロポーズを女性が受け入れた場合、男性が女性のもとを訪ねるのが平安時代のルール。これが初の逢瀬であると同時に、結婚初夜にあたる。

もちろん、いきなりそう上手くいくわけではない。所定の段取りを踏む必要があった。そのための要となるツールが手紙である。手紙には必ず和歌が添えられ、その技巧は、そのまま送り手の評価につながるものだった。したがって和歌の達人ほど異性にもてたわけだが、誰しもその域に達するわけではない。そのため、前述のとおり両親による代筆も普通にあった（P44参照）。

さて、そうやって手紙を往復するうちに互いの気持ちが盛り上がり、最終的に女性がプロポーズを受け入れてはじめて、男性が女性のもとを訪ねることになる。このとき、男の側が吉日の夜を選び、従者を連れて女性宅に出向

いていった。この時点で、まだ互いの顔を見たことがないというのがポイントだ。

平安の夜は暗い。現代とは異なり、灯も暗がりをほのかに明るく照らす程度であった。そんな中、夫婦となった相手の顔もろくに見ないままに初夜を過ごすのである。

古来、求婚を「よばい（夜這い）」といった。動詞「呼ぶ」の再活用形「呼ばう」が語源とされ、男が求婚のために女性宅に忍びこみ、女性の名前を呼ぶことを意味した。ただし、当時は結婚後も夫が妻のもとに通うスタイルが継続する（P16参照）。

『源氏物語』で、光源氏は末摘花という姫君のもとに通いはじめた当初、恥じらう相手に遠慮してしばらく暗がりの中、顔を見ずに事を行っていた。その間、妄想を膨らませていたのだろう。あるとき末摘花の素顔を目の当たりにし、その不美人ぶりに心底驚いてしまうのだった。

招婿婚
しょうせいこん

夫が妻のもとに通ったり妻方で暮らす婚姻形態

招婿婚は妻問婚ともいう、当時当たり前だった婚姻の形。い
つまどいこん
わゆる婿入りだが、一夫多妻制の貴族社会には適していた。

夜に訪ねる

婿となる男の側は、吉日の夜を選んで新婦となる女性宅を初めて訪
ねていった。訪問時間は夜11時頃で、翌朝5時頃まで滞在した。婿
は宮中同様の礼装をして車か馬に乗り、従者を連れていくのが決まり
だった。その後、新婦宅の母屋に通された。

一緒に寝る

母屋に案内された婿は、几帳越しに新婦
きちょう
と初対面。その後、ようやく両者は契り
を結んだ。これを三夜続けると正式な結
婚となった。

後朝の文を送る
きぬぎぬ

初夜の営みが済み、朝早くに帰宅した婿は
急ぎ新婦に文を送る。この後朝の文が早け
れば早いほど、愛情の深さの表れとされて
いた。

49

女性貴族に人気の 旅行プランはお寺や神社参り

該当する人々	皇家	上級貴族	中級貴族	下級貴族	庶民		該当する時代	平安前期	平安中期	平安後期

❖ 心身のリフレッシュのため 旅装をととのえて一泊の旅へ

　女房たちにもストレス解消の手段があった。旅行である。

　宮中の仕事にいそしむ女房たちは、ときにお暇をもらって、著名なお寺など、今でいうパワースポットに出かけた。このような旅行を物詣（物参り）という。人気の参詣場所は清水寺、鞍馬寺、奈良大和の長谷寺、滋賀大津の石山寺など。ちなみに石山寺は、紫式部が『源氏物語』の着想を得て執筆を進めた場所とされている。

　物詣にあたり、寺へ参詣を希望する際は事前に局を予約しておく。局は仏前に屏風を立てて区切り、香や手水などを整え、礼拝や誦経をする場所のこと。物詣は宿泊するのが通例で、三泊、七泊がしばしばあった。

　壺装束は、平安時代の女性の外出着兼旅装。裾の長い衣服を腰でつぼめて端折り、歩きやすくしたものである。

　また、当時の女性は素顔で外出しない風習があったため、頭には市女笠をかぶった。菅や薄い檜の剥板で編んだ笠で、もともと市場で物売り女が身につけていたとされる。市女笠は、被衣（顔を隠すためにかぶった衣）の上からかぶることもあった。「むしの垂れ衣」は、苧麻という草の繊維で織った薄布。これを笠の周囲に垂らして顔を覆うこともあった。風習とはいえ、かなりの徹底ぶりである。

　このようにして出かけた物詣であるが、平素、屋内で立ち働く女性たちには一大イベントであったのは間違いない。将来のこと、家族のことを祈願しつつ、たまの外出を楽しんだようだ。平安女性日記文学の『蜻蛉日記』には、作者である藤原道綱母が供を連れ、網代車で参詣に出掛けている様子が描かれている。休憩時には幕を引き巡らして弁当を食べ、帰途には荘園の人たちに歓待を受け宿泊するなど、貴族の優雅な旅の様子がうかがえる。

寺社への参詣をひとつの旅として楽しむ

神社や寺院に参詣する物詣。平安時代になると、遠方へ足を伸ばすことも珍しくなくなり、旅としての趣が出てきた。

物詣で息抜き

宮仕えの日々は心身共に疲れがたまる。どこかで息抜きが必要だった。そんな女房たちの楽しみが、休みをもらっての寺社めぐり。遠方の寺社への旅は日帰りでは不可能。そこで宿泊するのが通例だった。これも宮中に閉じこもりきりの女房たちには新鮮だった。

市女笠　　被衣

市女笠・被衣

女性が外で顔をさらすことはタブー。そこで外出用の被衣という広袖の衣を頭からかぶり、さらにその上から市女笠をかぶった。

壺折

壺装束

裾の長い袿や単などの衣服を壺折（裾をつぼめて端折ること）にした壺装束は、この時代の外出着の基本。旅にもこの姿で出かけた。

女流作家が使う紙代は
エリート貴族が工面していた

お金がなければ執筆できない

紫式部も清少納言も雅やかな貴族の暮らしを書き残しているが、創作の楽し
みだけで執筆したというのではない。当時、貴重なものであった紙が豊富に
使えたからという事情がそこにはある。紙を自由に使うには、支援者＝パト
ロンの存在が欠かせなかった。『源氏物語』などは五十四巻、400字詰め原稿
用紙に換算すれば2万4000枚にもなる。当然のことながら原稿収入はなく、
彼女たちを支援して「紙」を何枚も使える生活環境、経済的バックアップが
必要となったのである。藤原道長というパトロンがいた紫式部は、道長の
愛娘である中宮彰子のために『源氏物語』を書いた。清少納言は藤原伊周
の支援を受けて中宮定子のために『枕草子』を執筆。支援と紙がなければ平
安文学は生まれなかったのである。

全然、雅じゃない!
平安貴族が起こした事件簿

心は常に穏やかで、暴力とはまったく無縁に思える平安貴族たち。しかしながら、本来の貴族像はそんな生易しいものではない。史料には、貴族たちの数々の蛮行がしっかりと記録されているのだ。一握りではあるが、実際に貴族が起こした凶悪事件を紹介していく。

ケンカに暴行、強姦未遂！

貴族が起こした事件簿

高貴かつ心穏やかな印象の王朝貴族。だが、実際は粗暴な面も持ち合わせ
ていて、ケンカや破壊、中には殺人も犯す者もいた。

天皇の御前で貴族同士の取っ組み合いが勃発！

危険レベル ▶

万寿元年（1024年）
　一条院内裏の紫宸殿で起きた貴族同士のケンカ沙汰。後一条天皇が相撲を観戦し
ているときに、藤原経輔と源成任が取っ組み合いをはじめたという。ケンカの理
由は不明だが、紫宸殿は国家にとっても重要な場所。しかも、天皇の御前で起きた
というのだから穏やかではない事件であった。

皇族が集まった人々を蹴散らす

治安3年（1023年）

賀茂祭に派遣された祭使の一行を見物するため、貴族や庶民を問わず老若男女が集まっていた。そこで、従者を引き連れた敦明親王（あつあきらしんのう）が、見物人たちに殴る蹴るの暴行を加えるという事件が発生。幸いなことに死人は出なかったという。

貴族の教育を担う学者がまさかの強姦未遂！

長和5年（1016年）

事件の発生場所は平安京内にある家宅。学者であり、王朝貴族の端くれでもあった大江至孝（おおえのむねたか）が、観峯（かんぽう）という僧侶の娘を強姦しようとした。強姦自体は未遂に終わったが、至孝に協力した従者が観峯の弟子によって刺殺された。

数百人の手によって貴族の邸宅が破壊！

危険レベル 👞👞👞👞👞

安和2年（969年）

中納言・藤原 兼家の邸宅が、数百人にも及ぶ右大臣・藤原師尹の従者たちによって破壊された。この事件の発端は、兼家と師尹の従者同士によるケンカ。このケンカで師尹の従者が命を落としたことで、兼家の邸宅に師尹の従者が押し寄せたのだ。

藤原道長が試験官を路上で拉致！

危険レベル 👞👞👞👞👞

永延2年（988年）
橘　淑信という官人採用試験
（たちばなのよしのぶ）
の試験官が拉致された。この
事件の首謀者は藤原道長。懇
意にしている受験者に対して、
手心を加えさせたかったがゆえ
の犯行であった。

法皇が矢で狙われる前代未聞の出来事

危険レベル 👞👞👞👞👞

長徳2年（996年）
放たれた矢が、花山法皇の着
（かざんほうおう）
衣の袖を貫くという事件が勃発。
蛮行に及んだのは内大臣・藤原
伊周と中納言・藤原隆家の2名。
（これちか）（たかいえ）
勘違いではあったが、原因は女
性関係を巡るトラブルであった。

エリート貴族とその従者による集団リンチ

危険レベル 👞👞👞👞👞

長和2年（1013年）
敦明親王の従者であり、下級
（あつあきらしんのう）
官人の小野為明が集団リンチを
（おののためあき）
受けて重傷を負った。敦明親王
は数々の暴力沙汰を常習的に起
こしており、その報いを受けた
のが従者だったのかもしれない。

夫が出かけている隙に妻を寝取った貴族がいた

危険レベル

延喜16年（916年）

夫の留守中に国仁町という女が、下級貴族に強姦された挙句、無理矢理その男の妻にされた。夫は身分の低い庶民層だったため、まったく手出しができなかったという。

従者が主人の命によって殴り殺しに！

危険レベル

長和2年（1013年）

馬の世話をする厩舎人が殴り殺される。指図をしたのは厩舎人の主人であり、エリート貴族の藤 原 兼隆。位の高い貴族だったため、特に処罰を受けることはなかった。

従者の首が持ち去られるおぞましい事件が発生！

危険レベル

長徳2年（996年）

相手の首を刎ねるというのは武士だけの慣習ではなく、王朝貴族の時代にもあった。花山法皇の従者2名が、藤 原 伊周・隆家の従者によって殺され、生首を持ち去られたという。

二章

暮らしの作法

毎日のように艶やかな宴に興じて、和歌を詠んでいるイメージが強い平安貴族たち。しかし、彼らにも何気ない日々の暮らしがあった。朝は何時に起きていた？　着ていたものや食べていたものは？　風呂には入っていたか？　など、普段の生活ぶりを紹介していく。

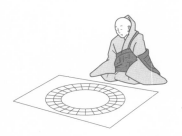

実働3時間〜4時間！
貴族の勤務時間はチョー短い

該当する 人々 ▷	皇家	上級貴族	中級貴族	下級貴族	庶民	該当する 時代 ▷	平安前期	平安中期	平安後期

❖ 夜明けとともに起床して 時には職場で朝まで働いた

　貴族たちの一日は早朝からはじまった。夜明けには起きて、顔を洗い、粥などの軽めの食事で朝食をとった。櫛で髪を梳き、爪を切り、数日おきに体を洗って身繕いもした。さらに、その日の運勢を知るため暦で吉凶を確かめたり、前日の日記をつけたり、仏や神にお祈りしたりと、やることが多かったため、早起きをする必要があったのだ。

　出勤時間も早かった。日の出が早い夏至には4時30分、日の出が遅い冬至でも6時40分には、職場である宮城の門が開いていたのである。

　仕事は曹司と呼ばれる部屋で行った。始業時間は早いが、仕事が終わる時間も早かった。勤務時間は3時間半〜4時間程度で、夏場は9時30分、冬場は11時過ぎには退勤した。

　午前の仕事が終わっても帰宅せず、職場に残って働くことを命じられた人もいた。これを「宿直」という。夜の勤務を「宿」、昼の勤務を「直」と呼び、どちらかだけを担当することはなく、午後から翌朝まで働いた。人によって月に10日以上、宿直を行う者もいた。朝が早い貴族たちだったが、場合によっては深夜まで働いたのだ。なお、『源氏物語』などでは夜勤のことも宿直と書いたが、夜勤の場合は「とのい」と読んだ。

　当時の有力者である藤原道長の日記である『御堂関白記』にも、深夜2時前ぐらいまで政務を行った記録が残っている。

　「暇」と呼ばれる休暇は、務める官職によって日数が異なった。6日、12日、18日、24日、30日という6の倍数の日に休める者もいれば、1カ月に計5日の休暇を交代でとる者もいた。また、申請すれば、臨時の休暇をとることもできた。申請する相手は上司だが、休暇を使って遠出する場合は天皇の許可を得なければならなかった。

貴族の一日

朝早くから活動を始めて夜勤に励むことも

早朝からはじまった貴族の一日。朝食をとると仕事に出かけた。その際は牛車に乗ったという。

早朝に起床

高貴な貴族たちの朝食は贅沢なものではなかった。粥などの軽めのもので腹を満たした。

お祈り

出勤前に身繕いや占い、前日の日記の執筆、そして神仏へのお祈りも行った。

儀式に参加する貴族

下襲の裾

出仕

内裏への出仕時には、正装である束帯を着た。中に着る下襲の裾を高欄に掛けた光景は、非常に華やかだった。

警護をする
宿直の官人

宿直

通常の勤務は午前中に終わったが、交代で午後と夜にも働いた。その際には、束帯より軽装である直衣などを着た。

風呂は5日に1回で、石鹸の代わりに小豆の粉を使った

週1回程度の入浴日は占いで決められた

貴族たちは身繕いのために、「手水」を行った。手水とは、手や顔を水で洗うことである。お寺や神社にお参りする前やお経を読む前にも、身を洗い清めるために手水を行った。その際、貴族の屋敷には洗面所がなかったので、「女房」と呼ばれる使用人が持ってきた盥や、湯水を注ぐための道具である楾を使った（P26参照）。

盥には金属製のもの、陶器のもの、漆塗りの木製のものがあった。「耳盥」や「角盥」という取っ手のついたタイプも存在した。楾は持ち手があるタイプのものもあり、注ぎ口の半分が器の中に差し込まれているので、楾という名前がつけられたという。漆塗りの木製のものや、銀製のものなどがあった。

当時の日本には石鹸はなく、「澡豆」や「手水の粉」を使って体をきれいにした。どちらも小豆を粉末状にしたも

のであり、汚れを落とすと同時に肌を白くして肌荒れを治す効果があると信じられていたのである。

手水で洗ったのは手と顔だが、浴槽での沐浴も行った。沐浴の「沐」は頭部を洗うこと、「浴」は全身を洗うことを意味して、沐だけを行うこともあった。

貴族の屋敷である寝殿造の建物では、渡殿（建物と建物をつなぐ、壁のない屋根つきの渡り廊下）や下屋（屋敷の中心の主殿の後方にある作業場）などに浴槽を置いて湯殿（浴室）として使用した。

現代のように浴槽のお湯に浸かるのではなく、湯帷子という着物を着た上で、体にお湯をかけていた。体を洗うときには、米ぬかを使って汚れを落としたのである。

占いを行う陰陽道では、沐浴は吉凶に関わると考えられたので、沐浴をしてよい日付が定められていた。そのため、貴族はおよそ5日に1度しか沐浴しなかったという。

風呂

平安貴族はめったに風呂に入らなかった

陰陽道で決められた縁起のよい日にだけ風呂に入り、湯船につかる習慣もなかったので、清潔とはいえなかった。

手水

神仏に祈る前には、身を清めるため顔や手を洗った。洗面所はなかったので、使用人が持ってきた盥などの器を使用して部屋の中で使った。

澡豆

当時の日本にはまだ石鹸はなく、小豆を粉末状にした「澡豆」や「手水の粉」を使って体の汚れを落とした。手水の粉も豆からできている。

湯帷子

沐浴は占いで決めた

陰陽道で決められた、縁起のよい日に沐浴を行い、沐浴する日を暦に記していた。沐浴は平均すると5日に1回程度で、体を洗う回数は少なかった。

入浴方法

湯船につかるのではなく、湯帷子という着物を着た上からお湯をかけるのが、当時の入浴方法だった。

体臭は、お香を焚き込めてごまかした

該当する人々 ▷	皇家	上級貴族	中級貴族	下級貴族	庶民

該当する時代 ▷	平安前期	平安中期	平安後期

✦ 仏教と一緒に伝来したお香で服と部屋をいい匂いにした

　入浴する回数が少なかった貴族たちは、蓄積された体臭をごまかすために、お香を使用した。

　お香では、よい香りのする香木を使用する。日本には仏教が伝来した際（538年、または552年という説もある）に中国大陸からお香が伝わったとされ、香木に関するもっとも古い記録は595年のものである。この年に沈香の木が淡路島に漂着して聖徳太子がこの木で観音菩薩を彫らせたと、『日本書紀』に記されている。

　お香のための香料を複雑に練り合わせた「薫物」を貴族は活用した。香りの調合は、仁明天皇の時代（833年〜850年）にほぼ完成している。

　このようにして定着したお香を、貴族は消臭のために活用した。

　香木（香料）としては、沈香、白檀、丁子、鬱金、麝香などを使った。これ

らの香料を砕いて粉末にして、甘葛を煎じたものや蜂蜜を湯煎したものをつなぎに使い、各香材を混ぜ合わせた。混ぜ合わせた香材を、臼でついてから陶器に入れて密封して醸成させて、薫物を作ったのである。

　薫物は「薫衣香」と呼ばれる衣服につけるためのものと、「空薫物」と呼ばれる室内に香りを漂わせる2種類。その際、香炉という道具を使っていた。

　そのほか、香炉を乗せるための香盆、香を焚くための 火取、香りを衣服に染み込ませるときに使う大きなカゴの伏籠などもあり、上に衣をかぶせて使用。香りを放つためにさまざまな道具を使いこなしたのだ。

　また、香炉と火取の区別は明確ではないが、香炉はもともとは仏教で使われたものという違いがある。また、火取には、木製の器の火取母と、香を焚くための金属製や陶器製の薫炉、薫炉の上に置く銀製のカゴの火取籠で構成されているという特徴もあった。

お香

風呂に入らない貴族はお香を手放せなかった

めったに風呂に入らなかった貴族たちは体臭を消すという
目的もあって、お香を盛んに利用していた。

空薫物
部屋に香りを漂わせるための薫物(お香の材
料の香料を数種類、混ぜて練り上げたもの)
を「空薫物」と呼んだ。

薫衣香
衣服に香りをつけるための薫物を「薫衣香」
という。伏籠というカゴの上に衣服をかけて、
その下で使って香りを移した。

薫物は「香壺」という気
密性が高い壺に入れた。

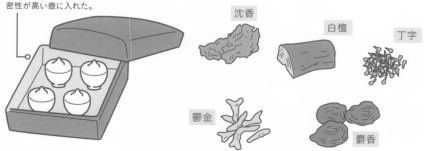

沈香

白檀

丁字

鬱金

麝香

香木
沈香(ジンチョウゲ科の木)、白檀(ビャクダン科の木)、丁字(香辛料のクローブと同じ
もの)、鬱金(香辛料のターメリックと同じもの)、麝香(ジャコウジカから採取したもの)
などの香料を調合して薫物を作る。

手紙を運ぶのは従者の仕事で、たまに配達先を間違えた

該当する人々 ▷	皇家	上級貴族	中級貴族	下級貴族	庶民

該当する時代 ▷	平安前期	平安中期	平安後期

✤ 手紙は文章の内容だけでなく紙や墨の色にまで気を配った

当時、手紙は「文」「消息」などと呼ばれた。平安時代の貴族が婚姻関係を結ぶ上で手紙が重要な役割を担っていたことは知られているが、郵便がなかった時代にどのようにして手紙を送っていたのだろうか。

手紙は「文使い」と呼ばれる使者が届けた。現代の郵便でも、間違った住所に届けてしまうミスが起きることがあるが、当時も手紙を間違ったところに届ける「文違え」が起きたという。

文使いは宛先人に直接手紙を渡すことはなく、宛先人の従者に渡す。『竹取物語』や『うつほ物語』には、文使いが「文挟み（「文杖」とも）」という道具を用いて貴族に手紙を渡しているが、実際のところは定かでない。

手紙に使う紙の色を、折枝の色に合わせるなど、手紙はさまざまな面に気を配った。

もちろん、手紙に書く文章や和歌の内容や表現にも工夫を凝らし、文字の種類や配置、墨の色にまでこだわっていた。

男性同士の手紙は、紙で巻いて包み、さらに紙で縦に包む。これを「立て文」と呼んだ。この立て文に対して、手紙を巻いて畳んで両端をひねって結んだものを「結び文」という。格式ばっていないプライベートな手紙であり、恋文として送られることも多かった。

手紙を書くための硯、筆、墨、小刀、水注などの文房具は「硯箱」という箱に入れ、硯箱はほかにも贈り物や手紙を入れて贈答にも用いられたという。高級な箱は「螺鈿蒔絵」で装飾されていた（「螺鈿」は、貝殻の内側の虹色に光る部分を素材に装飾を行う技法。「蒔絵」は金粉、銀粉などで漆器の表面に絵を描く技法）。

「硯の蓋」と呼ばれる高級品もあった。盆のように物を載せるために使われていたのである。

手紙

手紙は貴族の重要なコミュニケーションツール

手紙に恋の和歌を書いて送ってプロポーズするなど、貴族にとって手紙は非常に重要な存在だった。

消息

貴族たちは社交や恋愛などのコミュニケーションのために、「文」「消息」などと呼ばれる手紙を送った。

結び文

恋文などのプライベートな手紙で使った「結び文」。書き上げた手紙をひねって結んだので、この名前がついた。

文挟み

文使い

文使い

手紙を渡すのは貴族の従者の仕事で、文使いと呼ばれていた。その際、文挟みと呼ばれる道具を使ったとされる。

平安FILE

男性同士のやり取りは手紙を縦にして包んだ

女性に送る手紙は結び文だったが、男性に送るなどの正式な手紙の場合は「立て文」と呼ばれる包み方をした。

文房具の入れ物にも華麗な装飾が施された

現代の習字と同じような道具を使ったが、紙に色をつけたり、入れ物に装飾を施したりした。

文机（ふづくえ）
本を読んだり、手紙を書いたりするための机。はじめは宮中や寺院などの公の場で使われていたが、貴族が個人用としても使うようになった。

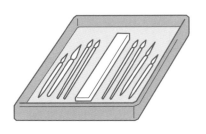

筆
素材はウサギやタヌキ、シカの毛だったとされる。一番上質なのはタヌキだが、現代でいうタヌキだったのかは定かではない。

料紙（りょうし）
手紙を書く紙には、さまざまな色に染めたものを用いた。薄い紙は、異なる色の紙を重ねて使用することもあった。

硯箱（すずりばこ）
硯だけでなく、筆や墨など字を書く際に使用する道具を入れるための箱。蓋には表と裏に華麗な装飾が施されたものもあった。

巻物・冊子
（そうし）

巻物や冊子といった書物も作られた

印刷技術がまだなかった平安時代。巻物や冊子などの書物は、写本というアナログ方式で多くの人に親しまれた。

葦手（あしで）

植物の葦が生えた水辺の絵を描き、その絵の中の線を使って文字をまぎれ込ませる。その文字で和歌などを書いた。

冊子

糸やノリを使って紙を本の形にとじたもの。とじかたによって、「大和とじ」「袋とじ」「粘葉装」（ちょうそう）などの種類に分かれる。

絵師

「絵所」という役所に所属する朝廷お抱えの絵師がいた。また、朝廷に所属せずフリーで働く絵師も多かった。

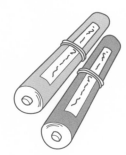

巻物

細長い紙を巻いた書物。何枚かの紙を継ぎ合わせている。表紙の役割を果たす「標」と、巻いて留めるための「標帯」がついている。

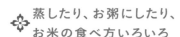

贅沢の極み！　貴族のご飯は
メガ盛りサイズが普通

暮らしの作法
その五

該当する 人々 ▷	皇家	上級貴族	中級貴族	下級貴族	庶民

該当する 時代 ▷	平安前期	平安中期	平安後期

❖ 蒸したり、お粥にしたり、お米の食べ方いろいろ

　平安時代の食事は朝と夕の2度だった。一日3食が定着したのは江戸時代からで、平安時代は身分の上下に関係なく、貴族でも一日2食だった。

　主食として食べていたのは、お米のご飯である。その食べ方には、いろいろな種類があった。

　まず、お米を蒸して食べる「強飯」。甑という土器で蒸して熱が通ったところで、水を加えてさらに蒸して食べた。この強飯が平安時代の主食として、よく食べられていた。

　ほかには、「固粥」と「汁粥」もあった。固粥は粥と名前についているが、水で米を炊いて作るので、つまり今のご飯に近いもの。汁粥のほうは、今でいうお粥とほぼ同じものであり、儀式などの特別なときに出された。

　強飯の食べ方としては、冬場にお湯を注いで食べる「湯漬」、夏場に水を注いで食べる「水飯」があった。この湯漬と水飯がもととなって、のちにお茶漬けが生まれたと考えられている。

　強飯を卵の形に握り固めた「屯食」という、今でいうおにぎりも存在した。屯食は、宮中や貴族の屋敷での儀式のときに身分の低いものが食べただけでなく、貴族が弁当として食べることもあった。

　炊いたご飯を干して乾燥させた保存食の「乾飯」もあった。乾飯は「干し飯」とも呼ばれ、旅に出た際の食料としても用いられた。乾飯はそのままで食べられたが、水でふやかして食べた。

　現代でも餅はお正月などの特別なときに食べるが、平安時代でも祝い事のときに「餅」を食べた。結婚3日目の夜に餅を食べる「三日夜の餅」という儀式もあった。銀の皿にのせられた餅を銀の箸で食べて結婚を祝うのである。この餅は、もち米のほかに麦粉などを加えて作り、現代の餅とは違うものである。

米飯

おにぎり、お粥、お茶漬けの原型など

平安貴族の主食は、我々と同じお米であり、すでに現代に近いバラエティ豊かな食べ方をしていた。

強飯
うるち米を甑という土器で蒸した「強飯」が平安時代の主食だった。普段から器に大盛りにして食べた。

固粥
米を煮たものを粥と呼んだ。「固粥」は、今の我々が食べているご飯に近いものだった。強飯よりもやわらかいので姫飯とも呼んだ。

汁粥
汁気のない固粥に対して、「汁粥」は今でいうお粥とほぼ同じものだった。

湯漬・水飯
蒸した米に冬場はお湯をかけ、夏場は冷水をかけて食べた。

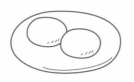

餅
祝い事のときには餅を食べた。餅を食べると力がつき、生命を再生させる霊力があると信じられていた。

屯食
強飯を握り固めたおにぎりのようなもの。宴会時、庶民の使用人にふるまわれた。

暮らしの作法
その六

貴族は庶民食の鶏は食べないが、雉肉は好んだ

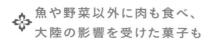

該当する人々 ▷	皇家	上級貴族	中級貴族	下級貴族	庶民	該当する時代 ▷	平安前期	平安中期	平安後期

魚や野菜以外に肉も食べ、大陸の影響を受けた菓子も

　貴族は主食としてご飯を食べていた。しかし、当然ながらそれだけを食べていたわけではない。

　現代でもご飯のお供の定番である、漬物は平安時代でも食べられていた。奈良時代には瓜の塩漬けについての記録が残されているが、平安時代では、さらに多彩な野菜の漬物が作られるようになった。

　食卓には、さまざまなおかずも出され、魚だけでなく肉の料理もあった。明治時代より前の時代の日本人は肉を食べなかったと思われがちだが、平安時代の貴族は雉を盛んに食べていた。また、庶民が食べていた鶏の肉は食べなかったが、鶏の卵は食べていたといわれる。

　調理方法としては、生で食べる膾や、焼いたり、煮たり、揚げたり、蒸したりと、さまざまな方法があり、肉や

魚を干して食べる干物もあった。

　「羹」と呼ばれる汁物は、魚や肉を野菜と一緒に煮たものである。松茸やアワビの羹もあった。

　調理の際、味つけはほとんどしなかった。小皿に塩、醤、酢、味噌などの調味料を入れて出して、それを使って料理を食べたのである。

　おかずは「菜」と呼び、お酒のつまみを「肴」と呼んだ。「酒菜」、つまり酒のための菜が転じて肴となったのである。

　ほかに、「くだもの」として柿や梨、桃、ミカンの一種のコウジなどの果実以外に、木の実を食べた。また、果物のことを「菓子」と呼んだ。

　菓子としては、「梅枝」「黏臍」といった唐菓子などが知られている。中国文化の影響を受けて作られた。梅枝は、米の粉を練って梅の枝のような形にし、黏臍は小麦をこねて真ん中にくぼみをつけ、ヘソのような形にして油で揚げたもの。今も昔もお菓子は生活に欠かせないものだったことがわかる。

72

食材

おつまみやお菓子も欠かせない、貴族の食事内容

貴族の食事は充実していて、肉、魚、野菜などのおかず、汁物を食べた。果物や菓子類などの甘いものも味わっていた。

日常

食事

服装

医療・薬

信仰

教育

交通

おつまみ
おつまみは「肴」ともいうが、その語源は「酒菜」。「酒のためのおかず」という意味になり、魚のほかに、柿や栗、唐菓子なども食べられていた。

汁物
なべ物のことは「羹」と呼んだ。具は肉、魚、野菜などで、松茸やアワビなどを入れることも。

肉類
雉肉はよく食べており、生でも食べた。鹿や猪などの干し肉が各地から運ばれ、ご馳走として嗜む程度に食べていたという。

木の実・果物
栗などの木の実や、梨、柿、桃、橘などの果実も食べた。これらを総称して「くだもの」とも呼ぶこともあった。

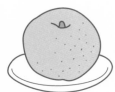

鶏卵
鶏肉は食べなかった貴族だが、鶏卵は食べていた。

菓子
椿餅などの餅菓子や、中国の影響を受けた油で揚げる唐菓子などが作られていた。

おかず
ウリ、ナス、豆、ニラ、セリ、カブなどもおかずとして食卓に上がった。

天皇の前ではビシっと決める！
「束帯」は貴族のフォーマルスーツ

❖ 貴族の服装には身分によって細かなルールが決まっていた

朝廷に仕える男性の服装については、奈良時代の法律で「儀式の際には必ず礼服を着る」などといった決まりができていた。平安時代においても、こうした決まりは守られていたが、服装が中国に影響を受けた唐風から日本らしい国風に変化するなどの変化も生まれていた。

また、12世紀ごろには「強装束」と呼ばれる服装も登場した。それまでの貴族の服装と違って、服の輪郭が直線を強調するようなものだった。

こうした特徴のある平安時代の男性の服装だったが、当時の貴族の男性の服装には正装、准正装、平常着という3種類があった。

正装は文字どおり、正式な服装のことである。天皇のいる内裏に行く際の正装が「束帯」だった。束帯は文官が着る「縫腋袍」と、武官などが着る「闕腋袍」に分かれていた。一番上に着用する「袍」には階級によって使っていい色が決まっているほか、使用する生地の種類や文様にも決まりがあるなど、細かいルールが定められていた。

正装の次の格式を持つ准正装の服装として、「布袴」がある。正装の束帯の表袴（足首までの丈の袴）と大口（表袴の下にはく。下着にあたるもの）を省略して、代わりに指貫と下袴というものを着用した。

布袴は摂政が内裏で仕事をするときや、摂政や関白などが上皇や皇太子のもとを訪れるときなどに使われた。

日常で身につける平常着としては、「直衣」「狩衣」「水干」などがある。

直衣は上流貴族が着用した。狩衣はもともと鷹狩りのときの服装だったが、中流貴族が日常の服として着たほか、それより下の身分の者が改まった場で着用した。水干は庶民が着た服装だったが、のちの時代には武家の人間も身につけるようになった。

男性の服装

階級によって着られる服装が決まっていた

華やかな貴族の衣服には、階級によって着てよい服装など、さまざまなルールが定められていた。

武官の装束

武官が着た正装の束帯「闕腋袍」。儀式用の弓矢を持っていたり、縫腋袍より動きやすかったりする特徴がある。

文官の装束

文官が着た正装の束帯「縫腋袍」。縫腋袍も闕腋袍も、一番上に着る「袍」の色や生地、文様、帯などに階級による制約があった。

布袴

略式だった准正装「布袴」。宿直のときや中流貴族の私的行事のときの衣装だった。

狩衣

「狩衣」は狩りや野外での遊びのとき、上流貴族のお忍びや旅行、中流貴族の普段着として使われた。

直衣

「直衣」は上流貴族の日常着だった。中流貴族が上流貴族のところを訪れる際にも着用した。

見た目は豪華な貴族の太刀だが、実戦では役に立たない代物

該当する人々 ▷	皇家	上級貴族	中級貴族	下級貴族	庶民

該当する時代 ▷	平安前期	平安中期	平安後期

❀ 天皇のお許しがないと太刀を持てなかった

　武士と違って貴族には戦いのイメージはないかもしれないが、貴族も刀などの武器を所持していた。

　藤原道長の異母兄である藤原道綱が小弓の名手として知られていたように、貴族も武芸を嗜んでいたのだ。海外からの侵攻（刀伊の入寇）を撃退した藤原隆家のように、戦いで活躍した貴族もいた。自分の領地である荘園を守る必要もあり、農民たちも夜盗に備えて刀を持っていたという。

　ただし、農民の刀と貴族の刀には大きな違いがあった。貴族が刀を帯びるには、天皇の許しが必要であり、誰でも持てるというわけではなかったのだ。

　太刀には「飾太刀」と「細太刀」があった。飾太刀は大嘗祭などの儀式のときに身につけたもので、柄には鮫皮がかぶせられ、鞘には蒔絵金粉や銀粉を使用した装飾）や螺鈿（貝殻を素

材にした装飾）が施された。また、宮中で帯刀するにはこちらも天皇の許しを得た者に限られる。貴族の帯刀はエリートの象徴だったのだ。

　一方の細太刀は飾太刀の装飾を少なくしたものだが、やはり鞘には蒔絵や螺鈿が施されていた。儀式のときに使用した飾太刀に対して、細太刀は日常の出仕の際に使用したが、どちらも細くて華奢な刀身であったため、人を斬るのには向いていない。

　また、「野太刀」という装飾の少ない太刀は、もともとは武官が使っていた儀礼用の刀だが、文官も使うようになったという。

　武官は儀礼の際に、木や竹で作った弓矢も身につけたが、儀礼用の際は美しい漆塗りの弓を用いた。矢を入れるために「胡籙」という用具を身につけたが、こちらも儀礼では矢が扇状に美しく並べられる「平胡籙」を使ったという。太刀も弓も、威力よりも見た目が重要だったのであろう。

武官は刀だけでなく弓矢も身につけた

上級貴族は儀式で美麗な太刀を身につけたが、実戦で人を斬れる刀ではなく、あくまで飾りにすぎなかった。

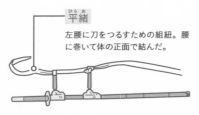

平緒（ひらお）
左腰に刀をつるすための組紐。腰に巻いて体の正面で結んだ。

飾太刀
柄や鞘に豪華な装飾を施した「飾太刀」は実用には向かない刀で、儀式に出席する際に身につけた。

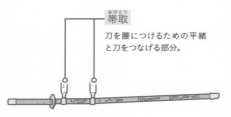

帯取（おびとり）
刀を腰につけるための平緒と刀をつなげる部分。

細太刀
「細太刀」も飾太刀と同じく儀礼用の刀だった。飾太刀の装飾を簡略化したものである。

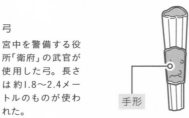

弓
宮中を警備する役所「衛府」の武官が使用した弓。長さは約1.8〜2.4メートルのものが使われた。

胡籙
矢を入れるための細長い筒型の道具。「手形」と呼ばれる正面の空いたところから矢を取り出した。

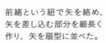

手形

前緒という紐で矢を絡め、矢を差し込む部分を細長く作り、矢を扇型に並べた。

平胡籙
儀式のときに弓矢を持つ際には、平胡籙という矢を入れるための道具を使い、矢が美しく並ぶようにした。

壺胡籙
壺胡籙は右腰につけて使用。上からだけでなく、正面に空いた手形と呼ばれる窓から矢を取り出した。

貴族は鼻をかむためのティッシュペーパーを常備していた

該当する人々 ▷	皇家	上級貴族	中級貴族	下級貴族	庶民

該当する時代 ▷	平安前期	平安中期	平安後期

両手で持っている木の板はカンニング用に使用した

　貴族が絵で描かれる際には、男性は細長い板を持っていることが多い。この板のことを「笏」と呼ぶ。正装の束帯を着用した際に、重要な儀礼にふさわしい、改まった姿勢を示すために貴族は笏を持ったのだ。ただ持っているだけでなく実用的な利用方法として、笏の裏側に行事の進行表や作法を書いた「笏紙」を貼ることもあった。いってみればカンニングペーパーを貼るための板である。

　もともとは中国の制度にならい、位の高い者は象牙で作られた笏を持つ決まりになっていたが、日本では象牙が手に入りづらかったため、木製の笏でも許可された。木は桜、榊、杉、櫟、柊、樫などが使われた。

　笏以外に貴族が身につけた物としては、靴もある。靴には「浅沓」「靴」「半靴」「深沓」などの種類があった。浅沓はその名前のとおり浅い構造の靴で、桐で作られていて、黒い漆を塗り、内側には白い絹が貼られた。底の中敷きには、束帯で身につけた表袴と同じ生地を貼って、階級を示すこともあった。乗馬には向かなかったので、馬に乗るときには使われず、それ以外の日常の場面ではいたとされる。

　束帯姿のときは、「襪」という足袋をはいた上で靴をはいた。足の形に切った2枚の布を縫い合わせて作られたもので、ヒモを使って足に固定する。束帯以外の服装では襪を着用しなかったが、年老いた者や病弱な者は足への負担を減らすため、着用することが許されていた。

　外出する際には、雨や雪を防ぐための笠を頭にかぶった。笠は、菅（蓑や縄の材料にもなった多年草）や竹、檜、い草が素材となる。柄がついていて、手で持つ傘も使われていたという。

　老人が持つ杖も使われ、杖は細い竹や木で作られた。

小物類

さまざなな用途で使われた貴族の小物

豪華な衣服を着た貴族は小物にもこだわった。衣服と同様に細かなルールが決められていた。

懐紙（かいし）

懐の中には「懐紙」（「畳紙」ともいった）という紙を入れて、和歌を書く紙や鼻紙として使用した。

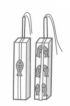

魚袋（ぎょたい）

儀式に参加する際の束帯姿に、右腰にぶら下げた装飾品。木箱に鮫の革が貼られ、金、銀の魚形の飾りがついている。

笏

礼服や束帯を着た際に両手に持った細長い板。重々しい態度を示すために持つ。作法などを書いた紙を裏側に貼ることもあった。

烏帽子（えぼし）

貴族も庶民も男性は黒い「烏帽子」をかぶった。貴族のものは縦長で形が整っていたが、庶民のものは短めで柔らかかった。

石帯

束帯を身につける際に、一番上から着た袍を腰の位置で締めた革の帯。帯の表面に宝石などの飾りをつけたので、石帯と呼ばれた。

襪

束帯姿で靴、浅沓をはくときに着用した足袋のようなもの。ヒモを使って足首に結んだ。

靴

儀式で束帯や衣冠を身につけた際にはいた。武官は儀式以外でもこの靴を使った。

浅沓

文官は儀式の際は靴をはいたが、それ以外の束帯・衣冠姿のときは浅沓をはいた。

笠・傘

雨や雪を避けるための道具。頭にかぶる笠や、柄がついて手で持つ傘もあった。

医療や薬の発達が目覚ましく、外科手術も試みも！

解熱のための薬のニンニクで体が臭くなることもあった

平安時代の人々はさまざまな病気に苦しんだが、医学が発展していなかったため、患者の病状を正確に把握することも困難だった。

そんな中、平安時代中期の辞書『和名抄（みょうしょう）』には、約70種類の病気が掲載されている。平安時代末期の絵巻物『病草紙（やまいのそうし）』もさまざまな病気を題材とし、下痢と嘔吐をくり返す病気に苦しむ女の姿などが描かれている。

当時、風の気にあたって起こると考えられた病気の「風病（ふびょう）」。その症状のひとつが発熱だった。熱を下げるためにニンニクが材料の薬を使った。『源氏物語』でも、女性がニンニクの薬を服用して臭くなっているので、男性と対面できないという場面が描かれている。

平安時代の風邪は、数日で回復する軽めの病の総称だった。現代の風邪と同じく頭痛、せき、発熱などの症状が見られた。

当時の書物に出てくる「脚の気（あしのけ）」は「脚病（かくびょう）」とも呼ばれた。筋力が低下し、足腰が傷んで立ったり歩いたりすることが困難になる病気。現代でいう脚気（かっけ）ではないかとも考えられている。

『病草紙』では白内障のすさまじい治療法が絵で描かれている。目が見えなくなっている男のところに、医者がやってきて、目を治療する。その治療方法は、目をメスのようなもので切開するという恐ろしいものだった。発想は正しかったが、技術が伴わなかったとされる。

口や歯の病にも人々は苦しんだ。『病草紙』には歯周病の男や口臭に悩む女が出てくる。『枕草子』では「歯の痛みに苦しむ美女には色気がある」といったことが書かれている。

天然痘（てんねんとう）は当時は「裳瘡（もがさ）」と呼ばれ、世界中で流行した。平安時代の日本でも多くの人が苦しんだ。大勢の死者が出たという。

病気①

間違った治療で大変な結果になることも！

医療技術が発達していない時代だったので、誤った治療法で取り返しのつかない結果になることもあった。

眼病

当時は衛生状態も悪く、眼病に苦しむ人が多かった。ニセ医者も多く、治療に失敗し失命してしまうこともあったという。

虫歯

『源氏物語』では虫歯の女性が描かれている。当時はまだ歯ブラシはなく、口をすすいだり楊枝を使って口中を整えるだけだったので、虫歯のケアができなった。

さまざまな病気

『病草紙』では、不眠症、痔瘻（じろう）、歯槽膿漏（しそうのうろう）、肥満など、さまざまな病気の症状と治療の様子が描かれている。取り上げられた病のひとつ「霍乱（かくらん）」は、夏に起きる病気で激しい下痢と嘔吐をくり返す病。現在の熱中症にあたるのではないかと考えられている。

病気②

当然ながら平安貴族も風邪を引く

風邪を引いて寝込むこともあった貴族たち。仮病を使って約束を破る者もいたらしい。

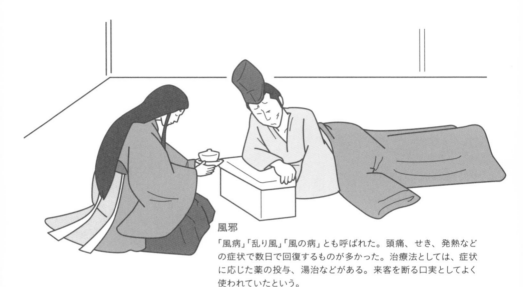

風邪
「風病」「乱り風」「風の病」とも呼ばれた。頭痛、せき、発熱などの症状で数日で回復するものが多かった。治療法としては、症状に応じた薬の投与、湯治などがある。来客を断る口実としてよく使われていたという。

脚の気
「脚の気」と呼ばれた脚の病気は、足腰の痛みや筋力低下で立ったり歩いたりすることができなくなった。現代の脚気に似た病気と思われる。

平安FILE

解熱にはニンニク

ニンニクは「風邪を除き、毒気を殺す」効果があると当時考えられていた。また、ニラも熱して薬として飲むこともあり、『源氏物語』ではその臭いを気にする様子が描かれている。

病気③

世界中を苦しめた伝染病が平安時代の日本にも

現代では撲滅された天然痘。感染力が強く、死亡率も非常に高かったため、平安時代にも猛威を振るった。

日常

食事

服装

医療・薬

天然痘
日本でも多くの人々に伝染した天然痘は、「裳瘡瘡」と呼ばれた。死に至らず回復した場合でも、体にあばたを残した。

吐血
歴史物語『栄花物語』には、皇妃の藤原原子が死亡する際に鼻と口から吐血したと書かれている。

信仰

胸の病
現代でいう結核という病気の可能性があり、『源氏物語』の紫の上は胸の病気にかかり、苦しんだ。『枕草子』でも胸を病んだ女性を見舞う話が描かれている。

生理
生理は「月のさわり」「穢れ」ともいわれ、不浄のものと考えられた。そのため、生理期間は宮中はもちろんのこと、神仏の前に出ることが許されなかった。

教育

交通

暮らしの作法 その十一

薬で効果がないときは、物の怪の仕業と考えた

該当する 人々 ▷	皇家	上級 貴族	中級 貴族	下級 貴族	庶民

該当する 時代 ▷	平安前期	平安中期	平安後期

✤ 怨霊を退治すれば病気は治る!?

当時は、物の怪が病気の原因のひとつとされていた。生霊、死霊などが取りつくことで病気になると考えられていたのである。

だが、平安時代において医学の研究が進んでいなかったわけではない。医術や薬による治療も行われていた。

永観2年（984年）には日本における最古の医学書『医心方』が、医師の丹波康頼から朝廷に献上された。『医心方』はさまざまな中国の医書の内容を引用しながら、病気の原因とその治療法を解説した内容となっている。

医療と薬を扱う「典薬寮」という役所もあった。ここでは貴族のための医療や、医薬品の管理などが行われていた。また、「薬師」と呼ばれる医者の育成も行い、宮中の女性を診察する女医もいた。

当時の薬としては、漢方薬を蜂蜜で練った「丹薬」、薬剤を煮出して作った「湯薬」、さらに煮詰めて作った「煎薬」など、さまざまな製法による薬があった。中には、今では毒性があることがわかっている薬も存在したという。

医師によって病気の治療が行われたが、医師でも治せないときや、病気の原因が物の怪と考えられたときなどは、加持祈祷の出番となった。

加持祈祷とは、神仏に病気の回復や災いが去ることなどを祈るための儀式。密教の僧侶や山伏などが行い、病人に取りついた物の怪を別の人に乗り移らせて名乗らせることで、その正体を見破って退治したのだ。

吉凶などを占ったり、暦の編纂を担当したりした陰陽師も、病気の原因とされる怨霊の退治を行った。

当時の科学的な治療法だった加持祈祷。病気の原因が精神的なものだった場合は、効果を発揮することもあったかもしれない。加持祈祷も効かなかった場合は、患者は死を待つしかなかった。

治療

薬だけでなく、お祈りや温泉にも頼った

役所の医師たちが病気の治療や薬の調合を行った。それでも治らない場合は神仏に回復を祈った。

薬師
医術と薬を司どる典薬寮（てんやくりょう）には医師が所属していたが、身分に関係なく診察をしていた。

薬
製法によって薬は丹薬（たんやく）、膏薬（こうやく）、丸薬（がんやく）、散薬（さん）、湯薬、煎薬（せんやく）などに分類された。薬は薬壺に入れ、薬壺は薬箱の中に収めた。

平安FILE

加持祈祷

通常の医術で治らない場合は病気の原因は物の怪と考えて、物の怪を退けるための加持祈祷を行った。

湯治
病気の治療のために湯治も活用した。当時は温泉での入浴だけでなく、自宅で患部にお湯をかけることも湯治と考えていた。

出産は汚いものとされ、母親は家にこもる必要があった

該当する人々	皇家	上級貴族	中級貴族	下級貴族	庶民

該当する時代	平安前期	平安中期	平安後期

❖ めでたいはずの出産は穢れとされた

古くから日本では「穢れ」というものが信じられていた。この穢れという考え方は、平安時代の人々の生き方にも大きな影響を与えていた。

穢れとは、その言葉どおり何らかの原因で汚れてしまった状態のことで、この穢れによって人々によくない状態がもたらされると考えられていた。そのため、人々は穢れを忌み嫌って避けようとした。

代表的な穢れとしては、人の死、血、出産があった。

子どもが生まれて本来ならめでたいはずの出産が穢れと捉えられていたのは、当時の出産が死と隣り合わせのものだったからである。出産時に出血することから、母親は生死の境をさまよい、出産後の母親と子どもには、まだ死後の世界の穢れが残っていると考えられたのだ。

こうした穢れを清めるために行われたのが、「祓（禊）」である。祓は神に祈って清める方法で、禊は水で自分を洗い清める方法を指す。禊は祓の一種とも考えられているので、両者は別のものではなく、一体となったものと考えたほうがいいだろう。

穢れを清める方法や期間には決まりがあった。人間の死体に触れてしまったときの穢れ「死穢」の場合は、穢れを清めるために1カ月家に閉じこもって行動を慎しまなければならなかった。出産のときに子どもの父母が受ける「産穢」の場合は、7日間行動をつつしんで穢れを清めた。

陰陽道での祓には「上巳の祓」「水無月祓」「七瀬の祓」など、さまざまなものがあるが、川を使って穢れを清めるという共通点があった。水の流れによって穢を流したのだ。たとえば、上巳の祓では穢れを移した人形を川に流したが、これが流し雛の風習となって現代でも行われている。

穢れ

穢れてしまったときは家に引きこもった

死や出産などで人は穢れると信じられていた。その穢れをなくすために人は家にこもったり、禊ぎを行ったりした。

産穢

子どもを産むと母親は「産穢」を受けたとされ、7日間ほど行動を慎んだ。父親は出産に立ち会わないが、居合わせた場合、産穢とされた。

死穢

家人が死ぬと「死穢」とされ、1カ月家にこもる必要があった。家族のみならず、使用人など家内に居合わせた者は死穢の対象となった。

籠居

穢れを受けた人はその穢れをほかに移さないようにしようと考えて、穢れが消えるまで家に閉じこもった。

祓

罪や穢れ、災厄を心身から取り払うための神事。穢れをなくすため、川や海の水で自分自身を洗い清めた。

日常

食事

服装

医療・薬

信仰

教育

交通

神仏にお参りするときは
お米を撒いた

該当する人々 ▷	皇家	上級貴族	中級貴族	下級貴族	庶民		該当する時代 ▷	平安前期	平安中期	平安後期

弓、米、人形などを使って魔除けを行い不幸を避けた

「医療・薬」の項目で解説したとおり、人々は物の怪や悪霊といった超自然的な存在によって、病気などの災いがもたらされると信じていた。そうした災いを避けるために行ったのが魔除けであった。

魔除けのひとつが、弓を使った「弦打ち」だ。「鳴弦」とも呼ばれた魔除けの方法で、弓矢の弓だけを使用した。矢を使わない状態で弓を引いて弦を鳴らし、その音で物の怪などを退散させたのだ。弦打ちは出産、新生児の入浴の儀式である御湯殿の儀、病気の際や、夜中の警護、不吉なことが起きた場合、天皇の日常的な入浴のときなどにも行われた。

魔除けのために米をまいたのが、「打撒」である。打撒は「散米」とも呼ばれ、もともとは脱穀していない状態の籾をまいていたが、平安時代には白米が使われるようになったとされる。病気、出産、祓、禊などのとき、神仏に参るときに米をまいた。現代の神社では参拝の際に賽銭箱にお金を入れるが、これは近世に入って打撒のお米がお金に代わったことで生まれたという説もある。

自分の身代わりにして魔除けを行うために使った道具が人形である。人間の災い、罪、穢れなどを人形に移して、人間の身代わりとして川に流して祓を行った。人形は撫物とも呼ばれるが、これは人形で体をなでて流すことから、そういわれるようになった。撫物では、人形ではなく衣類を使うこともあったという。

外からやってきた悪霊や伝染病が集落に侵入するのを防ぐために、村境や峠、道と道が交差する辻などに祀られたのが道祖神である。石碑、石像、自然石などが道ばたに置かれた。道祖神は旅の安全もつかさどっていたので、旅人は道祖神に祈った。

魔除け

弓や道祖神、米、人形で災いを遠ざけた

災いを避けるために人々は魔除けを行った。さまざまな方法があり、現代の風習につながっているものもある。

道祖神

村境の道ばたなどには、悪霊や疫病などが入って来ないように道祖神を祀った。ほかにも子孫繁栄の神様としても信仰が深い。

弦打ち

矢を使わずに弓の弦だけをはじき鳴らして、魔物を追い払った。天皇が入浴するときにも弦打ちが行われていた。

打撒（うちまき）

米を撒く行為も魔除けの効果があるとされて、神仏を参る際などに米を撒いた。出産時には部屋に米を撒き散らし、米の霊力によって部屋を清めたという。

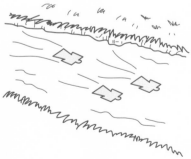

人形（ひとがた）

人形（「撫物」とも呼ばれた）を使った魔除けも行われた。人間の穢れを移した人形を身代わりとして川に流したのだ。

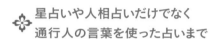

暮らしの作法 その十四	吉凶占いは朝廷お抱えの 役人の仕事

該当する 人々 ▷	皇家	上級 貴族	中級 貴族	下級 貴族	庶民		該当する 時代 ▷	平安前期	平安中期	平安後期

❖ 星占いや人相占いだけでなく
通行人の言葉を使った占いまで

平安時代、人々は物事を判断する上で占いに頼っていた。遺跡から木簡と呼ばれる木の札が見つかることがある。木簡は墨で文字を書くための道具で、手紙や帳簿、伝票などとして使われていたが、占いのために用いられた木簡も見つかっている。

占いが重視された証拠のひとつとして、陰陽師の活躍がある。陰陽師は吉凶の占いなどが仕事であった。また、陰陽師は陰陽寮という役所に属していたので、いわば国家公務員であり、国の仕事として占いを行って人々の行動に指針を与えていたのだ。

陰陽師には天文学の知識もあったが、同じように当時の天文学をもとに成立した占いが「宿曜道」である。中国で学んだ僧侶によって伝えられたもので、陰陽師ではなく僧侶が宿曜道で占いを行った。宿曜道を使う人は宿曜師と呼ばれた。

宿曜とは星のことで、宿曜道は星の運行をもとに人の運命を占うのである。宿曜道では、人の運命や、その年の運命などを占った。

現代でも人相占いはあるが、平安時代にも外見や骨格、行動からその人を占う「観相」が行われていた。観相は朝鮮半島の高麗が伝えたものだったが、日本独自の観相も行われていて、こちらは「倭相」と呼ばれた。『源氏物語』においても倭相で占う描写があるが、外国の観相よりも直感的に占うものだったようだ。

占いとしては、亀の甲羅を焼いてヒビがどのように入るかで占う「亀卜」、式盤（十干十二支などの文字や記号が書かれた盤）という道具を使った「式占」、筮竹（細い竹の棒）を使う「易占」、見た夢で判断する「夢占い」、夕方に偶然聞いた通行人の言葉を神のお告げとして考え吉凶を占った「夕占」があった。

占い

占いが重視されていた時代だった

平安時代は多くのことを占いで決めていた。占いが盛んな時代だったので、いろいろな種類の占いが行われていた。

観相
顔や骨格、振る舞いなどを見て、その人の運命を占う。『源氏物語』の光源氏は作品の中で帝王の相を持つといわれた。

木簡
文字を書いた木簡は役所や商売での記録などのために使われていたが、占いのために使われることもあった。

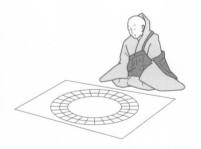

宿曜道
星の運行をもとに運命を占う「宿曜道」は、中国で学んだ僧侶が伝えた。陰陽師ではなく、宿曜師が行った。

亀卜
熱した亀の甲羅のヒビで占う「亀卜」。日本には奈良時代よりも前に中国から伝わった。

易占
中国の書物『易経』をもとにした占いも行われた。

日常

食事

服装

医療・薬

信仰

教育

交通

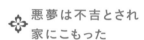

夢は予言とされ、悪夢は嫌なことが起こる前兆とされた

該当する人々 ▷	皇家	上級貴族	中級貴族	下級貴族	庶民		該当する時代 ▷	平安前期	平安中期	平安後期

悪夢は不吉とされ家にこもった

夢のお告げという言葉があるように、古くより人は夢の中には未来の予兆や予言が含まれていると考えた。

平安時代の文学でも夢についての話が非常に多い。たとえば、『伊勢物語』の中では、よい男性と一緒になりたいと思った女性が三人の子に夢占いをしてもらうというエピソードも語られている。占いのひとつとして夢占いが行われていたのだ。

夢占いは「夢解」「夢合」とも呼ばれた。夢占いは、夢の内容から何が起きるかを判断するというものだった。後に太政大臣となる藤原兼家は、雪が降った関所を越える夢について占わせている。雪の夢は縁起が悪いとされていたが、占いの結果は非常によい夢というものだったので、兼家は占い師にほうびを与えたという。

悪夢を見た場合は悪いことが起きる

と信じられていた。そのため、悪夢を見た場合、2日以上連続で、偶数の期間、家にこもって人と会わなかったという。このように災いを避けるために行動をつつしむことを「物忌み」と呼んだ。その場合、その目印として柳の木の札などに「物忌」と書き、烏帽子や簾に付けて、自分がその期間中であることを伝えた。

物忌み以外の方法としては「夢違」というものもあった。まじないをして悪夢の内容が正夢にならないようにするものである。

夢違では呪文が用いられた。歌人の藤原清輔の『袋草紙』では、「あちらをのかるやのさきにたつ鹿もちがへすればちがふとぞきく」という呪文を紹介している。現代語に翻訳すると、「狩りの矢で狙われている鹿も違えをすれば矢が当たらないと聞いている」といった意味になる。悪夢を見た者でも呪文を唱えれば、悪いことが起こらないと考えたのだ。

| 夢 | いい夢でも悪い夢でも注意が必要だった |

夢を神仏などのお告げと考えていたので、平安時代の人々にとって夢の内容は大きな意味を持っていた。

夢違（ゆめたがえ）
見た夢の内容をすぐに人に話したり、呪文を唱えることで、その内容が実現しなくなる。この考えを「夢違」といった。

物忌み（ものいみ）
悪いことを避けるために家にこもること。悪夢を見た際にも物忌みを行い、その期間は来訪者とは会わなかった。

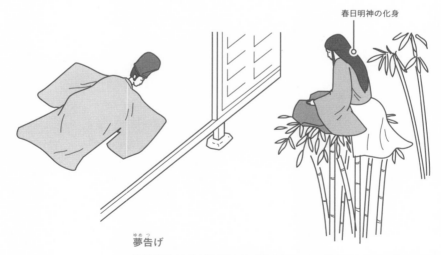

春日明神の化身

夢告げ（ゆめつげ）
神仏は夢でお告げを伝えると考えられていた。神仏による不思議な出来事を描く絵巻物『春日権現験記絵』では、夢の中で竹林に現れた春日明神の化身の女性が「この竹林をしげらせたら、子孫も繁栄するだろう」と語った。

縁起が悪いとされる日は
ステイホームが基本

該当する人々 ▷	皇家	上級貴族	中級貴族	下級貴族	庶民

該当する時代 ▷	平安前期	平安中期	平安後期

❖ 縁起の悪い日にちや方角を避けるための方法があった

陰陽道では「凶日」（災いが起こるので、行動を慎しむ日）という縁起の悪い日があった。「この日とこの日は凶日」というように暦の上で決めていたのだ。凶日には、遠くへ出かけることを禁じる「往亡日」や行動が制約される「衰日」などがあるが、「忌日」として「庚申」というものがあった。

庚申とは「かのえさる」とも読み、60日に1回やって来る日でもあった。中国の道教では、人の体内には三尸という悪い虫がいると考え、この虫が庚申の夜に体内から抜け出て天帝という神にその人の罪について告げ口してしまう。その罪の罰で寿命が縮まってしまうと信じられていたのだ。

三尸は人が寝ている間に外に出ていくので、人々は庚申の日には一晩中寝ないようにした。平安時代においては、歌合などを楽しむことで眠気をさましていたという。

歌合とは、2チームに分かれて和歌を1首ずつ詠み、どちらのほうが優れているかを競い合う遊びである。

庚申の夜の歌合の様子は、『枕草子』でも描かれているが、みんなで集まって酒や料理を楽しみ、和歌を詠んで音楽を奏でるという楽しげな集まりだったようだ。

日にちだけでなく、縁起が悪いため避ける方角もあった。陰陽道では、縁起が悪い方角に行かなければいけないときには、「方違」を行った。たとえば、Aという目的地がある東の方向へ進むと縁起が悪い場合、前日に南に向かい、そこで泊まってから、翌日、北東に進む形でAに向かった。こうすることで目的地は東の方向ではなくなるため、縁起の悪い方角に進むルートを避けたのである。

方違は平安時代の物語や日記にたびたび登場するので、多くの人が行っていたものと思われる。

陰陽道

縁起の悪い日や方角は絶対に避けた

陰陽道では縁起の悪い方角や日にちが決められていた。そうした方角や日を避ける方法を紹介する。

庚申歌合（こうしんうたあわせ）

庚申の日の夜は、眠ってしまうと寿命が縮まると信じられていた。その夜に朝まで眠らないための工夫として、貴族たちは二組に分かれて和歌を詠んで、その出来栄えを競い合う「歌合」を行った。

土公神（どくうじん）

土公神という地中にいる神の祟りを避けるため、工事をするときは土公神のいる方角は避けた。季節ごとに３カ月間、春は竈、夏は門、秋は井戸、冬は庭にいたとされる。

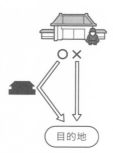

方違

縁起の悪い方角に目的地があるときは、一旦、別の方角に向かって一泊し、進行ルートの方角を変えるようにしていた。

目的地

流星から発せられる音が、いつの間にか天狗に変化した

該当する人々 ▷	皇家	上級貴族	中級貴族	下級貴族	庶民

該当する時代 ▷	平安前期	平安中期	平安後期

❖ 鬼や天狗、生霊や死霊を大いに恐れた

　平安時代の人々は物の怪が取りつくことで病気になると考えていた。霊や鬼、妖怪などの超自然的な存在によって災いが起きると信じ、それらを心から恐れていたのだ。

　鬼は角を生やした恐ろしい姿で描かれることが多いが、中国での鬼は死霊のことを指す。もともとは目に見えない存在だったが、やがて目に見える恐ろしい姿で描かれるようになった。平安時代の歴史物語『大鏡』には刀の刃のような爪を持った鬼の姿が描かれ、「わらしべ長者」や「こぶとりじいさん」などの話も含まれている『宇治拾遺物語』には赤鬼、黒鬼、ひとつ目の鬼、口なし鬼などさまざまな姿の鬼が登場する。なお、昔話に登場する鬼の姿は、仏教がもとになっていると考えられている。

　現代でもよく知られている天狗だが、中国では天狗は流星を表わす言葉だった。日本においても当初、天狗ははじめは具体的な姿を持っていなかったが、やがて、羽を使って飛ぶ姿が描かれるようになり、仏教に敵対する存在になっていった。仏や僧侶に化けたり人に取りついたりして、悪いことをする魔物になったのだ。鎌倉時代の絵巻『天狗草紙』をはじめ、天狗は山伏の姿をして描かれることが多い。

　鬼や天狗は人ではない存在だが、生霊と死霊は、人が変化したものである。「いきすだま」とも呼ばれる生霊は、生きている人間の霊である。人間の霊魂が体の外に出て、人に害悪をもたらすのだ。『源氏物語』では、源氏の愛人である六条御息所の生霊が源氏の子を妊娠した葵の上を殺している。一方の死霊は死者の霊魂。前述の六条御息所は死後、死霊となって源氏の妻の紫の上に取りついている。恐ろしい怨霊という点で、生霊と死霊は同じものだといえるだろう。

物の怪

現代でも知られている鬼や天狗が登場

鬼と天狗ははじめ見えない存在として恐れられていたが、やがて今でも知られる姿へと変化した。

木魂

木魂（こだま）

妖怪を描いた画集『画図百鬼夜行』には、「木魂」が登場する。木魂（木霊）は樹々に宿った精霊であり、平安時代の辞書『和名類聚抄』にも木の神として「古多万（こだま）」という言葉が記されている。「ヤッホー」のこだまの語源。

天狗

天狗は流星を意味したが、日本ではよく僧侶や山伏に化けて人に悪さをすることから、仏法に敵対する存在の妖怪になった。

鬼

中国では目に見えない存在だったが、やがて現代でもおなじみの角を生やした恐ろしい姿で描かれるようになった。

日常

食事

服装

医療・薬

信仰

教育

交通

憎い相手を呪うため、敷地に人形を投げ入れた

該当する人々	皇家	上級貴族	中級貴族	下級貴族	庶民

該当する時代	平安前期	平安中期	平安後期

憎い相手を呪う技術を持つ陰陽師が活躍した

物の怪や怨霊などがもたらす災いを防ぐためにまじないをすることもあったが、逆に人に災いをもたらすために呪いをかけることもあった。

平安時代以前の飛鳥時代には、典薬寮という役所で呪禁師と呼ぶ人たちが働いていた。典薬寮は医術を司る役所で、今でいう厚生労働省のような組織である。通常の医師とともに呪禁師も典薬寮に所属し、病気をもたらす邪気をはらう治療を行っていた。

呪禁師が使った呪禁道は、中国の道教に由来する術で、人を治すための技術であったが、人を呪うことにも使えたという。

呪禁師という役職自体は、平安時代に入って廃止されたが、代わって台頭した陰陽師たちも呪いに関する技術を持っていた。陰陽師として有名な安倍晴明が、呪ってきた相手に呪いを返す「呪詛返し」をしたというエピソードも『宇治拾遺物語』などに残されている。

人を呪う方法はさまざまなものがあるが、その中でも恐れられていたのが「厭魅」だ。呪いたい相手の人形を痛めつけることで、相手に苦しみを与えるという技である。平城京があったと推定される場所からは、胸に釘が刺さった人形も出土している。憎い相手を呪うため、人形に釘を打ち込んだのだろう。

呪詛のために使う物を土に埋めたり、相手の家の建物の中や敷地内に置くという方法もある。藤原実資の日記『小右記』には、内大臣の藤原伊周が行った、この呪いが書かれている。政権の権力争いにより藤原道長と対立していた伊周は、道長の後ろ盾として力を持っていた姉の藤原詮子を呪おうとし、詮子の屋敷の井戸に呪いのための髪や餅を沈めた。しかし、この一件は失敗に終わり、伊周は失脚することになったという。

呪い

呪いは当時の犯罪だった

呪いは当時、人に災いと与えると恐れられていた。そのため国から禁止されていた。

呪詛

憎い相手に災いが降りかかるように、神や仏に祈ることが呪詛である。陰陽師など呪いの技術を持った人たちが朝廷に所属していたが、個人が呪詛を行うことは朝廷によって禁じられていた。そのため、人を呪ったことがバレて失脚する者もいた。

呪詛をかけるため、呪い物を土に埋めた。

呪詛の方法

相手の家の建物や敷地内に呪いのための物を置いた。

呪い物（まじなもの）

呪いのための道具。人形、人髪、餅などを使用した。

平安FILE

女性の呪いは強力？

女性が呪った場合、貴船 明神（ぶねみょうじん）（鬼となった姫がこの神に祈って憎い相手たちを殺した）の力で相手が祟られるともいわれていた。

朝廷が作った高等教育機関は、学費を取らなかった

該当する人々 ▷	皇家	上級貴族	中級貴族	下級貴族	庶民

該当する時代 ▷	平安前期	平安中期	平安後期

❖ 役人になるための大学が平安時代には存在した

　学問を学ぶ上で書物が必要だが、そもそも平安時代には印刷技術がなかったため、書物はぜいたく品だった。

　そんな中、貴族の子どもの男子たちは7〜8歳になったときに「読書始」という儀式を受けた。「御書始」ともいい、皇族や貴族の男子が初めて書籍を読む儀式だった。読書始で読む書籍は中国の漢文で書かれた本で、まず学者が本を朗読して、次に補佐の係が同じところを復唱して、それを男子が聞くという形で行われた。

　13〜16歳となった貴族の男子たちは「大学寮」で学ぶことができた。大学寮は文官の人事などを担当した式部省に属し、役人を養成するための高等教育機関だった。

　大学寮の特徴は、学費を払う必要がないということがあった。勧学田という田や出挙稲という稲から得た資産で大学寮は運営されたのだ。『源氏物語』には貧しい学生の描写もあり、貧乏な学生にとっては大いに助かったことだろう。

　大学寮には、紀伝道（文学科）、明経道（儒学科）、明法道（法学科）、算道（数学科）という4つの学科があった。4科の中では、紀伝道が一番重要視されていた。この学科は、主に中国の史書である『史記』『漢書』『後漢書』の三史と、『文選』などの詩文を学んだ。

　寮試という大学寮での選抜試験に合格し、省試という式部省の試験に合格すると任官できた。

　官僚や学者などを世に送り出した大学寮だったが、やがて衰退していくことになる。平安時代中期には藤原氏一族が高い地位を独占したため、大学寮を出ても出世できるとは限らなくなり、大学寮の存在意義が失われた。その後、火災により大学寮は焼失。存在意義だけでなく、存在そのものが消えてしまった。

男性の教育

大学寮で勉強すれば出世の道が開けたが……

大学寮で勉強して厳しい試験をクリアすれば出世できた。
だが、やがてその道が閉ざされ大学寮の力は衰えていく。

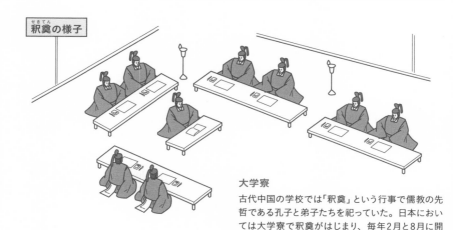

釈奠の様子

大学寮
古代中国の学校では「釈奠」という行事で儒教の先哲である孔子と弟子たちを祀っていた。日本においては大学寮で釈奠がはじまり、毎年2月と8月に開かれた。東京の湯島聖堂では、「孔子祭」として釈奠の儀式が今も行われている。

学問は出世の近道
長編物語『うつほ物語』では、主人公のひとり、藤原仲忠が学問によって出世していく。学問は出世のための必要な武器だった。

大学寮の衰退
出世の希望がなくなり大学寮は衰退していく。平安末期には、限られた生徒のみ私邸に招かれ、授業を行ったという。

和歌が歌えるようになることが、女性貴族の家庭教育

該当する人々 ▷	皇家	上級貴族	中級貴族	下級貴族	庶民

該当する時代 ▷	平安前期	平安中期	平安後期

❖ 和歌・習字・楽器・裁縫が女性の重要な教養だった

前項目で紹介した大学寮は男性のための学校だったが、女性たちはどのようにして教育を受けたのだろうか？『源氏物語』の紫式部や『枕草子』の清少納言、歌人の和泉式部など、平安時代には優れた女流作家・歌人がいるが、彼女たちがどのような教養を身につけていたのか紹介しよう。

当時の女性に必要とされた教養は、和歌、習字、音楽、裁縫だった。

和歌を詠む機会も多く、男性と恋愛する際には歌を贈り合うなど、コミュニケーションをする上で和歌を作る必要があった（P44参照）。また、会話の中で有名な和歌を引用することもあったので、和歌の知識も当然のごとく要求されたのである。

和歌を学ぶために、まずは『古今和歌集』などの有名な和歌を自分の手で書き写した。これを「手習」という。

和歌のことが学べるだけでなく、字の練習にもなった。これを10歳前後のときに行ったという。

文字の練習は、一文字ずつ、文字を離して書く「放ち書き」からはじめた。放ち書きを身につけた後に、文字を続けて書く、いわゆるくずし字の「連綿体」を練習していく。

琴や琵琶などの楽器演奏も、女性の重要な教養だった。琴は六弦の「和琴」というものを弾いていた。楽器は儀式で演奏するだけでなく、家庭で日常的に演奏することも多かった。

清少納言や紫式部は高貴な女性の世話をして働いたが、そうした女房（朝廷に仕える女官）の仕事のひとつとして裁縫があった。

当時の衣服はそれぞれの家で用意していたため、染色や裁縫に有能な女房は高く評価された。『源氏物語』にも『枕草子』にも女性たちが縫いものに励む姿が登場し、裁縫が必須の教養だったことがうかがえる。

女性の教育

芸術が重要な教養だった

貴族の女性にとって和歌、習字、音楽は趣味というレベルを超えて、生きる上で必ず身につけておくべき教養だった。

和歌

有名な和歌を書き写す「手習」を小さい頃から行い、知識を身につけていった。これらが書き写された木簡が多く出土している。

裁縫

裁縫は女性の嗜みとして重要なスキルだった。縫い上げるスピードは速く、『源氏物語』では一重の袿を半日で作ったと記されている。

連綿体

字の練習は一文字ずつ書くことからはじめ、上達したら続けて文字を書く「連綿体」を練習した。綺麗な文字を書くことがステキな女性の条件だった。

楽器

音楽も貴族の女性にとって重要な教養のひとつで、琴や琵琶、演奏を学んだ。特に琴は人気が高かったという。

牛車は後ろから乗って前から降りるのがルール

該当する人々 ▷	堂家	上級貴族	中級貴族	下級貴族	庶民

該当する時代 ▷	平安前期	平安中期	平安後期

❖ 乗り物としての機能性よりも身分を周囲に示すことが目的

牛に車を引かせる「牛車」は、平安時代の貴族の代表的な乗り物として知られている。身分によって乗れる牛車の種類が決まっていた。

牛車は牛が引いていたのでスピードは遅く、揺れるので乗り心地も悪かったが、乗り物としての機能よりも、自分の身分を周囲に示すことを目的とした。現代でいえば、高級外車のような存在だったのだ。そのため、牛車には豪華な装飾も施され、その装飾によって、牛車はさまざまなタイプに分かれたのである。

もっとも大きく、もっとも華美なのが「唐庇車」である。車の屋根の中央が山形で、左右のはじが反り返った曲線状になっているという特徴を持つ。上皇、皇后、皇太子、親王、摂政、関白といった位の高い人たちが使っていた。

染めた糸を組んで屋形（牛車の人が乗る箱型の部分）を覆い、金銀の文様をつけた牛車を「糸毛車」と呼んだ。これは女性用で、青い色の糸のものは皇后や未婚の皇女が使った。また、基本は女性用だが皇太子が乗ることもあった。紫色のものには女御・更衣、内侍（天皇のそばに仕える女官）が乗ったとされる。

ほかにも、大臣や下級貴族も乗り、最も広く使われた中型の軽装の牛車の「網代の車」、上皇や高僧、女房などが使用した「檳榔毛車」などもある。

乗り降りの方法にはマナーがあった。乗るときは、牛をつなぐ前に踏み台を使って後ろから乗る。降りるときは牛を放してから、後ろからではなく踏み台を使って前から降りていた。田舎育ちで貴族の作法など知らなかった武将の源義仲がマナーを教えられたのに無視して後ろから降り、京都の人々から笑われたというエピソードも残っている。

牛車

牛車は乗り降りにも作法が決まっていた

平安時代の貴族たちに広く使われていた牛車。彼らの身分の象徴でもあり、乗り降りのための作法も決まっていた。

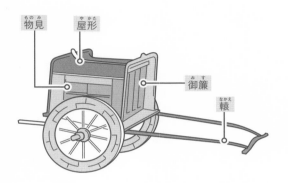

物見（ものみ）　**屋形**（やかた）　**御簾**（みす）　**轅**（ながえ）

牛車

さまざまな種類があったが、二輪で屋根のついた箱型（人の乗る部分）があり、牛が引くための轅という2本の棒がある点は共通していた。

牛飼童（うしかいわらわ）

牛を引く係の「牛飼童」は少年だけでなく、年配者もいた。年をとっても少年の格好で働き、幼い頃の名で呼ばれた。

出衣（いだしぎぬ）

牛車の簾の下から女性の着物の裾を出すことを「出衣」、出している牛車を「出車」（いだしぐるま）と呼んだ。華やかな装飾の意味があった。

平安FILE

牛車の乗り降り

牛をつなぐ前に榻（しじ）という踏み台を使って後ろから乗り、牛を放して榻を使って前から降りるというのが作法だった。

105

多くの人が担ぐ神輿は、高貴な人の移動手段だった

該当する人々 ▷	皇家	上級貴族	中級貴族	下級貴族	庶民

該当する時代 ▷	平安前期	平安中期	平安後期

❖ 高貴な人は牛や馬、人の力を利用して移動した

牛車は盛んに使われたが、スピードが遅かったため、急用のときには馬を使うなど、ほかの乗り物も活用していた。

馬は急ぎの使者である「駅使」も乗り、そのための馬が国中に配備されていた。牛車に付き添う従者も馬に乗ったり、忍びのときや急ぎのときは、主人自身が馬に乗ったりすることもあった。

身分の高い貴族や祭使（祭りに朝廷から派遣される使い）が馬に乗るときには、「馬副」という従者がつく。大臣は10人、大納言は8人、中納言は6人、祭使は8人などと、馬副の人数は乗馬する人の身分によって変わった。その中のひとりには轡（馬の口にくわえさせて、馬を制御するために使った用具）をとる役割が与えられていた。

牛、馬以外では人力による乗り物の「輿」も活用され、複数の人がかつぎあげ、その上に人が乗るというものである。

輿の中で、担ぎ手が轅を肩に乗せるものを「輦輿」、腰のあたりで持つものを「腰輿」と呼ぶ（「手輿」ともいった）。輦輿には天皇専用の「鳳輦」、皇后なども使う「葱花輦」があった。腰輿には上皇、大臣、高僧などが遠出するときに使う「四方輿」などもある。

人が乗った車を人力で引く「輦車」も、大内裏の中で使われていた。乗ることを許されていたのは、皇太子、皇子、女御（天皇の后のひとり）、摂政、関白だけでなく、高僧も含まれたという。

日本は島国であり、河川も多いので船も活用した。海での大型船は、櫓でこぎ、追い風が吹いていると帆を使用して動かしたという。河川では渡し船もよく使われた。河川用の船は船底が平らになっている平田船という種類で、2～4艘を組んで上に板を載せて「組船」という形にして牛車を載せることもあった。海の船も河川の船も、貴族が乗る船は屋形（屋根のある場所）を設けていた。

その他の乗り物

人に担がせたり引かせたりして移動した

牛車以外では、馬や船なども利用した。人に担がせたり引かせたりする輿や車は貴族ならではの乗り物だった。

神輿
人が持つ輿には、肩で担ぎ輦輿と腰のあたりで持つ腰輿があった。

馬
スピードに優れていた馬。身分の高い貴族が乗るときには「馬副」という従者たちが付き添った。

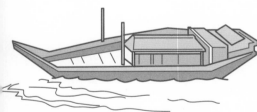

船
河川や海では船を活用した。貴族が使う船には屋根のある「屋形」が設けられた。

輦車
内裏の中で皇太子が移動する際には、人が引く輦車が使われた。引き手たちは藁の沓をはいていた。

column ②

平安時代は夢と現実世界の
境目がなかった

女の一念夢をも通す……平安時代の夢の正体

現代人は誰かが夢に登場すると、精神分析的に「どこかでその人のことを気にしているのかな」と思うことがあるが、平安時代の人は、誰かを強く意識するとその人の夢の中へ登場すると信じていた。『源氏物語』の六条御息所は光源氏の愛人のひとりだが、源氏の正妻・葵の上と諍いを起こし憎悪の炎を燃やす。その思いがあまりに強いので、「自分が葵の上の夢に現れ、彼女を叩いているに違いない、そして、葵の上は源氏にその話をするだろう」と想像して大いに思い悩む。今でいう不眠症に陥った六条御息所は追い詰められ、生霊となって葵の上のもとを訪れ、挙句、葵の上を呪い殺してしまう。女の一念岩をも通すというが、夢をも通すのであろうか。

三章

通過儀礼の作法

しきたりや儀式を重んじていた平安時代の貴族たち。生まれてから死ぬまでの人生の節目には、一体どのようなセレモニーが用意されていたのだろうか？　本章では、成人や結婚、老齢期のはじまりや過ごし方、葬式の仕方など、貴族の人生について深く探っていく。

通過儀礼の 作法 その一	子どもが生まれて３、５、７日後に 祝宴が開かれた

該当する 人々	▷	皇家	上級 貴族	中級 貴族	下級 貴族	庶民

該当する 時代	▷	平安前期	平安中期	平安後期

❖ 乳幼児の成長を祈願する数々の儀式があった

平安時代、人生の節目にはさまざまな儀式が行われた。とりわけ乳幼児の死亡率が高かった当時、健やかな成長を願った儀式が数多く存在した。

妊娠5カ月目に行われたのが「着帯」の儀式である。この儀式では、「標の帯」と呼ばれる帯を妊婦の腹に巻き、無事の出産を祈った。

出産時には「産屋」の儀式が行われた。産屋とは出産のための部屋で、へその緒を切る儀式や新生児に初めて乳を含ませる「御乳付」の儀式なども行われた。なお『紫式部日記』によると、後一条天皇の誕生に際し、中宮の母である倫子が、その緒を切ったのではないかとされる記述がある。

皇子の場合、新生児誕生から7日間は一日に2回産湯を使わせる「湯殿」の儀式が行われた。湯をかける役を御湯殿、介添え役を御迎湯と呼び、女房が務めた。儀式に際しては、弓の弦を鳴らして邪気を払ったという。また男児の場合は、儒学を修めた博士職に就く者が『孝経』や『礼記』などの漢文の書籍の一節を読み上げた。

生後3、5、7日目には、母親の労いと、子どもの幸せを願う「産養」と呼ばれる祝宴が開かれた。この宴では、粥を盛った器を持って問答を交わす「廻粥（または啜粥）」の儀式が開かれた。粥には呪力があると信じられていた当時、子どもに悪事を働く鬼や霊、物の怪などを鎮めるためのものであったのだ。ちなみに、子どもの夜泣きは、物の怪の仕業と考えられていた。

子どもが生まれて50日目と100日目には、それぞれ「五十日の祝」と「百日の祝」が行われた。これは、現代にも残る「お食い初め」の儀式である。平安時代の儀式では、五十日は50個、百日は100個の餅を子どもの口に含ませたとされるが定かではない。餅には霊力があると考えられていた。

誕生

貴族に待ち受ける最初の通過儀礼

新しい生命の誕生というのは、貴族にとっても喜ばしいもの。日々の成長を祝うための行事は数多く用意されていた。

幼少期

青年期

老年期

御迎湯

御湯殿

御湯殿の儀式

新生児が誕生すると女房たちが産湯に入れた。湯をかける役は御湯殿で、そばに付き添った女房を御迎湯といった。また、産湯に入れる日や時刻は吉凶を占って行われるなど、平安時代ならではの手順が存在した。産湯の水も、吉方の井戸の水を使用したという。

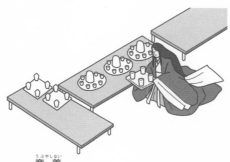

うぶやしない
産 養

子どもが生まれてから、3、5、7日目の夜に催された祝宴。親族や縁者が集まって、食べ物や調度品、衣服などを贈った。

平安FILE

赤ちゃんのお世話は乳母に任せていた

貴族たちは、教育を乳母と呼ばれる世話係に任せた。身分の高い家の子には複数人の乳母がいて、授乳をせずに身の回りの世話だけをする者もいた。

男女関係なく3歳までの
子どもはツルツル坊主だった

該当する ▷ | 皇家 | 上級貴族 | 中級貴族 | 下級貴族 | 庶民
人々

該当する ▷ | 平安前期 | 平安中期 | 平安後期
時代

❖ 子どもは年齢によって
髪型や服装が決まっていた

　子どもが初めて袴をつける儀式を「着袴」または「袴着」という。3歳から5歳までの間に行われるこの儀式では、親族の中で最も位の高い者が袴の腰紐を結ぶのが習わしとなっていた。着袴には父親が子どもを世間に公表するという意味合いがあり、開催日は吉日が選ばれた。多くの人々が集まり、祝宴も開かれたという。

　成人儀礼以前の子どもは年齢によって髪型や服装が異なる。一般的に乳児と呼ばれる3歳頃までは、男女ともに頭髪は伸ばさずにツルツルに剃っていた。その後、髪置きという儀式を経て、髪を伸ばしはじめるのである。なお、平安時代の髪置きは、いわゆる習俗として行われており、儀式化するのは中世になってからである。

　髪置き後、成人前の男子は角髪という髪形が一般的だった。角髪とは、奈良時代以前に豪族階級にある男性の髪形で、髪を頭頂で左右に分け、それぞれ耳の上で輪を作って束ねた結い方である。中国の影響で成人男性が冠をかぶるようになった平安時代では、男児の髪形として定着していた。

　服装について、男児は腋下を縫わずに開けたまま仕立てることで動きやすい闕腋袍という衣や鷹狩りの際に着られた狩衣などを着用。女児は袙と呼ばれる衣を着た。袙とは、肌着と表着の間に着る中着で、本来は男性が着用するものだが、宮中に仕える女児が成人用装束の代わりに用いる平常着だったといわれる。丈は腰までしかなく、袖口が広いのが特徴だった。

　なお、こうした子ども特有の髪形や服装を指して童姿と呼ぶ。『源氏物語』の「桐壺」の巻では、光源氏が元服の際、母である桐壺更衣が「この君の御童姿、いと変へまうく」と思うシーンがあり、「幼姿をいつまでも変えずにおきたい」という気持ちが綴られている。

成育の祝い

成育の祝いは現代の七五三の原点

乳幼児の死亡率が今とは比べものにならないほど高かった平安時代。そのため成育を祝うための儀式が目白押しだった。

袴着
子どもが3歳から5歳までの間に、初めて袴をはく「袴着」と呼ばれる儀式を行った。日取りは吉日が選ばれ、親族や縁者が祝いの品を贈った。また、父親が自分の子を世間に公表する目的も含まれていた。

童姿
成人に満たない子どもは、成人儀礼を終えた貴族とは異なる髪型・服装をしており、そのことを童姿といった。

髪置き
3歳頃まで子どもは髪を剃っていた。髪を伸ばしはじめることを髪置きという。当時は乳児の頃に髪を剃っておくことで、健康な毛髪が生えてくると信じられていた。

早い者だと男子は10歳、女子は12歳で成人式が行われた

❖ 男子は元服、女子は裳着 ともに成人を祝う重要な儀式

　現代でも大きな意味を持つ通過儀礼となっている成人式は、平安時代にもあった。男子の「元服」と女子の「裳着」がそれにあたる。

　男子の成人儀式となる「元服」は、通常10歳から20歳の間に行われた。元服した者は、その証しとして角髪に結っていた髪をほどき、頭上で束ねて冠をかぶる。このことから元服した者は冠者と呼ばれた。なお、髪を結い直す儀式を「理髪」の儀、冠をかぶる儀式を「加冠」の儀という。2つの儀式を済ませた者は、子どもの服装である闕腋袍から、男性の正装だった縫腋袍に着替え、祝宴に参加した。

　元服した者（冠者）に冠をかぶせる役は「加冠」と呼ばれ、有力者に依頼するケースが多く、摂関家などの有力な家柄の子息が元服する際は、天皇が加冠となった例もあったという。

　女子の成人儀式は、初めて裳を着ることから「裳着」または「着裳」と呼ばれた。裳とは平安時代の女性の正装の一部で、12歳から15歳頃に裳着が行われるのが一般的だった。もとは裳着と髪上げがセットとなり、男子と同様に髪結いの儀式が中心だったが、女性の髪型が変化し、成人後も垂れ髪のままになったことから裳着が重視されるようになったという。

　元服と裳着は、結婚準備のための儀式でもあった。当時は「成人したら結婚」という考え方が一般的だったので、現代の成人式とは意味合いが少し違ってくる。『竹取物語』では、裳着を行ったかぐや姫に対し、竹取の翁が結婚について語る場面もある。女子の場合は結婚が決まってから裳着を行うこともあり、成人の儀式と結婚の儀式は近しいものだったのかもしれない。

　ちなみに、裳着は吉日の夜に行われた。戌の刻（午後7時から9時）や亥の刻（午後9時から11時）だったという。

元服・裳着

結婚準備のための儀礼でもあった元服と裳着

成人の儀は、皇族や上級貴族など、高貴な存在であればあるほど年齢が早まった。中には10歳を待たずに行われた。

元服
男子が成人したときに行う儀式を元服、または初元結といった。また、このときに初めて冠を被ったことから初冠ともいった。元服の年齢は10歳から20歳頃までに行われ、高貴な貴族になればなるほど早い年齢で行われた。

裳着
裳着は女性の成人式のことで、裳と呼ばれる衣装を着たことから名づけられた。家が没落してしまい裳着を行えず、女童のままで過ごすこともあったという。

加冠
元服する者のことを冠者という。この冠者に冠をかぶせる役を加冠と呼んだ。髪を冠の中に引き入れたことから「引き入れ」ともいった。

披露宴が行われるのは
結婚してから3日後の夜

該当する人々 ▷	皇家	上級貴族	中級貴族	下級貴族	庶民	該当する時代 ▷	平安前期	平安中期	平安後期

3日通えば結婚成立
盛大な祝いの席が設けられる

　人生における通過儀礼の中で重要なもののひとつが結婚である。とはいえ、婚姻届がなかった平安時代、結婚の認定は式と披露宴であったといわれている。現代においても、結婚に際して式と披露宴が重要視されるのは、この時代の名残といえるかもしれない。

　平安時代の結婚は、大きく2つに分けられた。許婚など、本人の意思とは関係のないところで決まる結婚と、本人同士が決める結婚。つまり、恋愛結婚である。

　現代の結婚と大きく異なるのは結婚までのプロセスである。平安時代の女性は家族以外の男性と、顔を見合わせることも口を利くこともなかった。家から出たときも男性の前では扇などで顔を隠すのが普通であった。当時は顔も知らず、話したこともない相手に恋心を抱いたのだ（P42参照）。

　そんな奥ゆかしい恋愛からスタートして愛を育んだ貴族たちは、やがて結婚の契りを交わすことになる。

　結婚初夜、男性貴族が女性貴族のもとへ訪れると、男性貴族の沓は女性の両親が懐に抱いて寝た。これは男性が女性のもとに三夜連続で通い続けなければ結婚は成立しなかったので、女性の両親は男性貴族が明日も沓を履いて来てくれるようにと願ったのだ。

　また、男性が家から灯してきた火は女性の家の灯とう籠ろうの火と合わせ、3日間灯し続けるのが決まりだった。両家の火が合わさる、つまり一緒になるという結婚を意識した儀礼である。

　3日目の夜は「三日夜」といい、婚姻が成立したことを祝って、「露顕」と呼ばれる祝宴が新婦の家で開催される。この場では「三日夜の餅」という祝いの餅が用意された。銀盤に載せられ餅を銀の箸で食べる習わしだが、その際新郎は餅を噛み切らずに食べなければならなかったという。

| 結婚 | 人生の伴侶と契りを交わすビッグイベント |

人生の伴侶と契りを交わすビッグイベント

男が女の家で生活する「婿取り婚」が主流だった平安時代。
結ばれるためには、さまざまな手順を踏む必要があった。

新枕 (にいまくら)

男女が初めて一緒に寝ることを新枕といった。万葉集の時代では、夜が明けると、男女はそれぞれの衣服を取り替えて別れるのが決まりであった。

沓取りの儀

初夜の際、男性が女性の寝所に上がったあと、男性の沓は女性の両親が懐に抱いて寝た。男性が女性のもとへ通うことを願ったものといわれる。

三日夜の餅

結婚成立となる3日目の夜に、三日夜の餅と呼ばれる祝いの餅を食した。餅は新婦側が用意し、銀盤に載せられた。新郎は噛み切らずに食べるなどの作法があった。

従兄弟同士などの近親間で、
手短に結婚相手を見つけた

該当する 人々 ▷	皇家	上級 貴族	中級 貴族	下級 貴族	庶民

該当する 時代 ▷	平安前期	平安中期	平安後期

口の上手い仲介者が
男女の仲を取り持った

　平安時代、男女の出会いの場は驚くほど少なかった。噂話から相手を知るという手段もあったが、もうひとつ忘れてはいけないのが、若い二人の橋渡し役となった仲介者の存在である。

　「ナカダチ」や「ナカウド」と呼ばれる彼らは、現代でいう仲人のような役目を果たしたという。とはいえ、我々がイメージする仲人のように、両家の間を取り持ちながらさまざまな調整をしたり、結婚後も二人の相談に乗るようなことはなかった。基本的に男性の情報を女性方に、女性の情報を男性方に伝えて、出会いのきっかけを作ったのだ。どちらかといえば、結婚相談所やご近所の世話焼き係のような役割だったといえるだろう。

　多くの場合、侍女や知り合いがこの役割を果たした。口上手な者が多く、「たいそう美人だ」「気立てがよい」「家柄がよい」など、言葉巧みに売り込んだという。女房を使って意図的によい噂を流す家などもあったことを考えれば、男女の出会いの裏で高度な情報戦が繰り広げられていたことがわかる。

　『源氏物語』の「東屋」の巻には、光源氏の姪にあたる浮舟の母親が娘の結婚に際し、「皆が婿に取りたがるというナカダチの口車に乗せられて、よそに取られるのも残念だと、騙されるのもたいそうバカバカしい」と、ナカダチの言葉をまったく信用していないシーンが描かれている。

　出会いの機会が少なかった平安時代にあって、結婚をさらに難しくしていたのが身分制度である。結婚も身分に応じて行わなければならず、必然的に近親婚が多くなった。当時は異母兄弟を他人とみなす習慣があり、また一度も会ったことのない親族なども大勢いたため、近親の意識は低かったという。ただ、最も一般的なのは従兄弟姉妹との結婚だったようである。

仲介者

恋愛結婚だけでなく親が決めることもあった

晴れて恋愛関係が実って結ばれるイメージがある平安貴族。
しかし、親に相手を決められるパターンも存在した。

ナカダチ（ナカウド）
結婚を媒介する者をナカダチ（ナカウド）と
いって、男女の間を取り持った。あくまで口
利き上手な者を指し、女房などが多かった。

許嫁（いいなづけ）
結婚相手は父兄の意思によって、将来の結
婚を約束した許嫁を持つ者もいた。わりと
母親に発言権があった。

近親結婚
平安時代では、異母兄弟や叔父と姪という間柄の結婚もあった。一族の財
産を他に譲らないために行われたという。

婿入り婚が主流のため、離婚すると男はすべてを失った

通過儀礼の作法 その六

該当する人々 ▷	皇家	上級貴族	中級貴族	下級貴族	庶民

該当する時代 ▷	平安前期	平安中期	平安後期

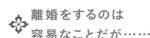

離婚をするのは容易なことだが……

結婚がその後の人生の幸不幸を左右するのは、今も昔も変わらない。「この結婚は失敗だった」と感じたなら離婚を考えることこそ前向きな姿勢である。

平安時代にも離婚の制度はあった。八世紀に制定された日本初の国家基本法である大宝律令によると、離婚の条件は7つ。①子どもが生まれないこと、②淫乱であること、③舅につかえないこと、④おしゃべりなこと、⑤盗癖があること、⑥嫉妬が激しいこと、⑦治りにくい病気を持っていること。この中のひとつでも当てはまれば、比較的容易に離婚できたのである。

これらは夫が妻に対して離縁を叩きつける条件なのだが、妻が治りにくい病気になったら別れるという感覚は、現代とは異なる社会倫理である。

結婚のあり方も現代とは異なり、夫の家で妻が同居するというのは少数派

で、平安時代の多くは、夫が妻の家に同居する「招婿婚（婿取り婚）」であった（P16参照）。

また、招婿婚（妻問婚）の中には、妻とは同居はせずに家へ通う「通婚」というものもあり、この場合の離婚は至って簡単。妻のもとに通わなくなるだけで成立した。平安文学に見られる「夜離れ」や「床去り」がそれである。つまり、離婚の決定権は夫にあったことになる。

こうみると、平安時代の離婚は男性有利の制度だったように感じる。しかし、当時一般的だった「婿取り婚」では、離婚によって家を追われるのは夫である。舅が「コイツはダメだ」と判断すれば、それが離婚の理由になり、夫は住まいを失うことになったのである。情報網を駆使して女性と知り合い、プロポーズ後の決定権を女性に委ね、結婚後も相手の家族に気を使うなど、平安時代の結婚は男性にとって数多くの試練が用意されていたようだ。

離婚

条件さえ整えば一緒にいる必要はなかった！

結婚生活が順風満帆に行くとは限らない。離婚の条件は8世紀初めの大宝律令においても明確に定められていた。

①子どもが生まれないこと

子どもが産まれないと家の存続の危機に関わる。子どもができないことは離婚の正当な理由となった。

②淫乱であること

女性の素顔は夫しか見ることができなかったため、何人もの男性と関わりがあることは当然悪い印象を与えた。

③おしゃべりであること

嘘や噂など言いふらす人が良く思われないのは、今の時代も同じである。噂話が多かったこの時代は特にリスクが大きかったのだろう。

④嫉妬が激しいこと

一夫多妻制だった当時、嫉妬に狂う女性は多くいた。男性にとって面倒ごとになったのは言うまでもない。

⑤盗癖があること

窃盗は悪いことであることはいつの時代も変わらない。そうしたモラルに欠ける女性は離婚の条件のひとつだった。

平安FILE

夫が家に帰らなければ離婚が成立した

男性が女性の家に通った婿取り婚の場合、夫に新しい女性ができると元の家に帰らなくなることがあった。そのような場合は、離婚が成立したとされる。

40歳からシルバー世代！　その後、10年おきに長寿の祝宴が開かれた

寿命が短かったゆえに老年期の訪れが早い

　還暦や古希など、長寿を祝う儀式は、平安時代にもあった。ただし、平均寿命が現在よりもずっと短かったこの時代、40歳は初老であり、老齢期に入ったとみなされていた。

　40歳になると、長寿の祝いや今後の健康を祈る祝宴が開かれた。「四十賀」（または「四十路の賀」）と呼ばれる宴は奈良時代から行われていたという記録があり、平安時代に儀礼として確立した。天皇、上皇、皇太后の「四十賀」では、奏楽や拝舞、屏風歌の詠進などが行われ、臣下の貴族たちも、それにならったという。祝いの品も「四十賀」にちなんだものだった。『源氏物語』の「若菜上」の巻では、光源氏の「四十賀」の祝いに布4000反、絹400疋が奉納されたという記述がある。

　40歳以降も50歳で「五十賀」、60歳で「六十賀」、70歳で「七十賀」と10年ごとに算賀が行われた。「五十賀」としては平安時代末期の後白河法皇の祝宴が有名で、3日間にわたって行われたという。また、平安時代中期の歴史物語である『栄花物語』には、藤原兼家の「六十賀」や源倫子の「七十賀」などが描かれている。

　50歳以上で活躍する者も多かった。特に女性がめざましく、歌や絵などを通じて、女性ならではの視点で貴族文化を支えていたという。また、女官の中にも老齢の者は多く、80歳になったのを機に姪に役目を譲ったという采女の記録なども残っている。

　職務引退後も慶事の折などは、物知り女房として駆り出されることのあった老女たちだが、それはあくまでも健康であればの話である。『今昔物語集』には、病気になった中級貴族の老女が、墓地に捨てられる話が記されている。たとえ貴族であっても、親族がいなければ葬儀すら出してもらえなかったのである。

老齢期

40歳を過ぎたら老後生活に!?

平均寿命が40代だったとされる平安時代。40歳を最初の節目として、それ以降の10年ごとに長寿の祝賀が行われた。

幼少期

青年期

老年期

四十賀

40歳から10年ごとに算賀が行われ、親族や縁者が集まり長寿を祝った。歌人として知られる藤原 俊成は、九十賀が行われたという。また、この算賀は現代でいうところの還暦や古希、米寿などの祝いの源流にあたる通過儀礼とされる。

歌人

宮仕えした女性貴族の中には、老齢期に入ってから歌人になった者もいた。

出家

老齢になると出家する貴族も多かった。女性の場合は尼となったが、剃髪はせずに肩のあたりで揃えるのが当時の作法であった。

死んでも３日くらい放置すれば蘇ると考えられた

該当する 人々 ▷	皇家	上級 貴族	中級 貴族	下級 貴族	庶民

該当する 時代 ▷	平安前期	平安中期	平安後期

故人の極楽浄土を願う 平安時代の葬儀

　人生最後の通過儀礼となるのが死である。平安時代中期、貴族階級に浄土教が広まったことで、死は輪廻転生による次の生への旅立ちであり、また葬儀は故人の極楽浄土を願う式典とされた。

　この時代、人が死ぬと遺体は３日間ほど放置することが多かった。これは蘇生すると考えられていたためである。体から抜け出た魂をもとに戻すため、死者の名前を枕元や屋根の上で呼ぶといった呪術行為も行われたという。

　蘇生がかなわず死が確認されると、遺体に白い衣を着せて北枕にする。さらに屏風や几帳を逆さに立てめぐらせ、枕元に燈台を立てた。その後、近親者が集まって僧侶とともに声を立てずに念仏を唱える「無言念仏」によって成仏を祈願したのである。

　入棺は沐浴後に行われ、棺には故人が生前に使用していた調度品や近親者

の人形なども入れられた。なお、葬儀の日時や火葬場所はすべて陰陽師が決めることになっていたという。

　葬儀の日になると、安置されていた棺を牛車に載せて火葬場所に向かうのだが、これは夜間に行うのが通例だった。牛車の前には燈火が立てられ、その後ろに喪服を着た近親者が連なったという。なお、葬儀は埋葬地で行うのが習慣であった。

　平安時代、貴族階級は火葬が一般的だったが、京市街地で荼毘に付すことは禁じられていた。そのため郊外に幾つかの埋葬地があり、中でも有名なのが現在の京都市東山区にあった鳥辺野で、『源氏物語』や哀愁を歌った和歌に度々登場するなど、無常を感じさせる場所として知られている。

　埋葬地に着いた棺は僧が念仏を唱えるなか、ひと晩かけて荼毘に付し、明け方に収骨されたという。

　ちなみに、七七日と呼ばれる現代でいう四十九日の法事も行われていた。

臨終

人生の旅立ちの儀式は平安時代も変わらない

仏教の影響を受けていた貴族たちは、現代と同じように仏式の葬儀が行われていた。

葬送

遺体を火葬地まで運ぶ野辺送りを葬送といって夜間に行われた。遺体は牛車に載せて、親類縁者は徒歩で付き添った。

魂殿（たまどの）

人が死ぬと「魂殿」と呼ばれる場所で遺体を安置することがあった。ここでは短くとも一年はそのままにしていた。

火葬

平安京に住んでいた貴族の多くは、鳥辺野（とりべの）（または鳥辺山（とりべやま））で火葬された。現在も鳥辺山（京都市東山区）には多くの墓地が存在している。

column ③

年老いた親を山へ捨てる
貴族がいた

年老いた親の面倒を見ない貴族がいた

『今昔物語集』の家から追い出されてしまう老女の話（P122）。当時は人が死ぬと家が穢れると信じられていて、老女は知己の家を頼るが断られ、やむなく鳥部野の墓の陰に身を寄せる。ここは平安京三大葬地のひとつであった。老女は伏して死を待つだけの身となって物語は終わっているが、中級貴族の家であっても、息子たちが老いた親の面倒を見ない現実があった。もっともこれは都市部の現象だけでなく、農村でも行われていたようである。また、年老いた女が鬼に変身する話は各地でみられ、若い女が産んだばかりの赤子を食おうとする鬼婆の話がある。高齢社会の現代、老々介護などの現実を垣間見て、生老病死に四苦八苦するのは今も昔も変わらないようである。

四章

年中行事の作法

一年を通して数々の行事が執り行われていた平安時代。
春夏秋冬、季節の節目ごとに神に祈りを捧げ、その中に
は現代に受け継がれているものもある。本章では、年初
めの正月から年末の12月に至るまで、平安貴族たちが用
意した主要な行事を探る。

皇族や貴族の正月は、元旦から儀式のラッシュ！

該当する人々 ▷	皇家	上級貴族	中級貴族	下級貴族	庶民	該当する時代 ▷	平安前期	平安中期	平安後期

❖ 旧暦1月から季節は春となり、一年を通じて最も行事が多い

　新年を迎え、皇位安泰を祈る「四方拝(しほうはい)」が元日早朝に天皇によって執り行われた。四方拝は現代でも行われているが、もともとは中国伝来の儀だった。東西南の三座により祈り、西座から北向きに、属星(ぞくしょう)(各自の運命を司る星で北斗七星のどれかひとつ)の名を唱える。東座で天地四方、南座で父母の山稜へ祈りを捧げるのだ。

　「朝賀(ちょうが)」は、毎年元旦の朝に天皇が大極殿において、東宮以下の文武百官から拝賀を受ける儀。中国伝来の朝賀の儀式にならい、孝徳天皇の大化2年(646年)にはじまったとされる。

　また、殿上人以上の者から拝賀を受ける天皇の私的な儀式である小朝拝(こちょうはい)も行われた。元旦2日から4日に、天皇の父母に拝礼する朝観(ちょうきん)が行われ、御所を出る場合は行幸(ぎょうこう)とされた。

　儀式は、天皇が正殿に進んで拝礼をし、その後、饗宴が開かれ歌舞音曲が披露される。また、内裏や大臣邸宅では「大饗(だいきょう)」が開かれた。「二宮大饗(にぐうのだいきょう)」は、公卿などが皇后(中宮)および皇太子(東宮)を訪れ拝謁し、饗宴にあずかり、禄を頂く儀式である。「大臣大饗(だいじんだいきょう)」は、太政官の長である大臣が太政官の宮人たちをもてなした饗宴で、太政官の上下関係を確認することが目的で、宴では酒と雑料理(ざじ)などが出た。

　15日までには、官人に位を授ける「叙位(じょい)」の儀、邪気を払う「白馬節会(あおうまのせちえ)」が行われる。これは21頭の白馬を見る儀式で、「あおうま」と読むのは、春の色を青色とする陰陽五行思想によるものである。2月までの間、天皇家繁栄を祝す「踏歌の節会(とうかのせちえ)」なる舞踏会や、弓矢で的を射る「射礼(じゃらい)」などさまざまな行事が目白押しとなる。

　2月に入ると孔子や孔門十哲(こうもんじゅってつ)を祀った儀式「釈奠(せきてん)」があった。場所は大学寮で、孔子たちの御影(ごえい)に酒食が供えられ、祝文を読んだという。

行事

正月の行事

一年のはじまりは数々の行事に追われていた

新しい年を迎える元日から7日までは、ほぼ何かしらの行事が行われた。その中でも代表的なものを紹介する。

四方拝

元旦の寅の刻、夜が明ける前に天皇が出御。新年に際して年災をはらって、天皇の無窮を祈願するという新年最初に行われる儀式。

元旦の小朝拝

天皇による私的な元旦の儀式。中国の朝賀にならって成立した。拝礼できるのは、公卿や殿上人などの天皇と親しい貴族だけであった。

朝覲行幸

正月の2日から4日にかけて、天皇が上皇や母后の御所に赴いて、拝礼を行う。その際、上皇が天皇に贈り物をするのが習わし。

臨時客

摂政や関白・大臣といった最上位に位置する貴族が、正月のあいさつに訪れた人々をもてなした宴会。

1月は規模の大きな行事ばかりで大忙し

1月は多くの行事が開かれた月だった。その中には最大の国家的仏事である御斎会も含まれていた。

叙位（じょい）

朝廷が定めた身分の「位階」を与える行事。仕事を評価する定例のものと、国家的な祝いごとの関係者に贈る臨時のものがあった。

御斎絵（ごさいえ）

正月8〜14日に国家安寧、五穀豊穣を祈る仏事。大内裏に盧遮那仏の仏像を安置して高僧を招いて行った。

踏歌節会（とうかのせちえ）

地面を踏んで舞う舞踊で天皇家の繁栄を願い祝った行事。男が舞う男踏歌と、女が舞う女踏歌に分けて行われた。

内宴（ないえん）

正月の21〜23日までの一日を選んで、忙しかった臣下らを労うために行った宴。当初は私的な臨時の宴としてはじまった。

2月の行事

宗教的に重要な行事が多かった2月

釈迦を祀る涅槃会（ねはんえ）や、孔子を祀る「釈奠（せきてん）」など、宗教的に重要な行事が行われた。庶民たちが楽しめるお祭りもあった。

春日祭（かすがのまつり）

春日大社の例祭（定例の祭り）。2月・11月の最初の申の日に行われるため、「申祭（さるまつり）」とも呼ばれる。春日大社には藤原氏の氏神が祀られ、藤原氏の氏神祭といえた。賀茂祭、石清水祭と並ぶ三勅祭（天皇から使いが派遣される祭り）のひとつ。

平安FILE

庶民も訪れた参詣の風習「初午（はつうま）」

2月の初めの午の日に伏見稲荷大社に参るため、「初午」とも「初午稲荷詣（はつうまいなりもうで）」とも呼ばれた風習。『枕草子』でも言及されている。

涅槃会（ねはんえ）

釈迦が入滅した（亡くなった）日に行う行事。釈迦の入滅の様子を描いた涅槃図や涅槃像を飾って、涅槃経を唱えた。

宴で歌が読めないと酒を飲ます という罰ゲームがあった

該当する人々 ▷	皇家	上級貴族	中級貴族	下級貴族	庶民

該当する時代 ▷	平安前期	平安中期	平安後期

❖ 晩春から初夏へと季節が移ろい、屋外での祭りが多くなる

　初夏の風が吹きはじめると、平安京では各所で祭りが開かれるようになる。北極星は中国では特別な星とされ、北極星に灯火を捧げる北辰信仰が日本にも伝えられた。現世利益をもたらすものであることから、下級官人や一般民衆に大いに浸透した。その後、貴族の間にも広がり、やがて3月と9月に「御灯」という儀式が行われるようになったのである。

　3月最初の巳の日に水辺で祓を行う行事は、奈良時代に日本に伝わり遊宴となったとされる。小川に酒盃を浮かべ、通り過ぎるまでに歌を詠むといった規則があり、歌を詠むことと酒を飲むことは別々であったようである。現在でも、北海道から鹿児島まで各地の神社などでこの宴が開催されているが、いずれも近代以降にはじめられたものである。

　4月になると各神社の祭礼が盛んに開かれる。1日には天皇の衣装や調度品を夏物に替える「更衣」が行われる。8日は釈迦の生誕日であることから「灌仏会」が開かれた。釈迦が生誕したとき、守護神の帝釈天と梵天が香りをつけた水で釈迦を洗ったことにちなみ、青・赤・白・黄・黒の香水を誕生仏にそそいだ。

　「卯月の祭り」とは、4月最初の申の日に行われる松尾大社（京都市西京区）の「松尾祭」で、貞観年間（859年〜877年）に朝廷の祭りとなり、衣服、武具、神酒などが奉納された。また、稲荷大社（現在の伏見稲荷大社）で開かれる「稲荷祭」は、3月の中牛日に稲荷社を発した神輿が御旅所にわたり、4月最初の卯の日に還幸する。このとき、左京の七条では、軽業や曲芸、奇術、幻術、人形まわし、踊りなどの猿楽（散楽）や、人形芝居である傀儡などの芸能が演じられ、市中の人々が集まり、大いに賑わった。

3月・4月の行事

水の流れを前に歌を詠む風流な遊びも

3月・4月には民衆の間でも流行った行事や、和歌を詠む風流な遊び、釈迦生誕を祝う行事などが行われた。

御灯

北極星に灯火を捧げる儀式。3月3日と9月3日に行われた。中国から伝達し、日本では現世利益をもたらすものとして流行した。最初は下級貴族や民衆の間で流行したが、のちに上流貴族や天皇、皇后も行うようになった。

曲水の宴

水が流れる庭園で、流れてくる盃が通り過ぎるまでに漢詩や和歌を詠んだ。歌が作れないと罰として酒を呑んだ。「罰酒」という。

灌仏会

釈迦の生誕日である4月8日を祝う仏教の行事。日本においては、推古天皇の時代の606年にはじまったとされる。

133

中国にならい邪気払いに菖蒲！
酒に入れたり風呂の湯に入れたりした

該当する人々 ▷	皇家	上級貴族	中級貴族	下級貴族	庶民

該当する時代 ▷	平安前期	平安中期	平安後期

 **5月は中国では悪月とされ
日本もそれにならった**

　中国で5月が悪月とされたのは、天災や戦乱など凶事が多かったためと考えられる。年中行事を記した『荊楚歳時記』には、5月は蓬で作った人形を門戸の上に掛けて毒気を封じ、菖蒲酒（菖蒲の根や葉を浸した酒）を飲んで邪気を払い、舟の競漕を行ったとある。それが日本にも伝わり、端午節会では、天皇も臣下も菖蒲蔓（菖蒲の葉）を冠につけ、菖蒲酒を飲み、菖蒲湯に身を浸し、宮中の諸殿舎の屋根は菖蒲で葺かれた。競漕は流鏑馬の原点である騎射、競馬へと変えられた。

　菖蒲は5月の行事を象徴する植物だが、アヤメ科の花菖蒲ではなく、サトイモ科に分類されるもので、白くて長い根の部分が珍重された。根の長さを比べる「根合」は、その名前が示すとおり、根の長さを比べ合い競う競技である。当時の和歌にも根合を詠んだも

のがあり、人々から親しまれた。

　また、さまざまな薬草を玉状にした「薬玉」は、花を飾り、五色の糸を垂らした。「長命縷」とも呼ばれ、清涼殿では母屋の南北の柱に菖蒲とともに結いつけた。この薬玉は互いに贈り合って楽しむもので、『源氏物語』では、夕顔の娘である玉鬘に多くの薬玉が届けられる様子が描かれている。

　6月を迎えると、祇園社（現在の京都・八坂神社）の祭礼である祇園御霊会が開かれた。御霊会とは非業の死を遂げた者の怨念を鎮める祭りであるが、祇園御霊会は牛頭天王の祟りによって引き起こされた疫病退散が目的であった。朝廷は宮中から引かれた馬に乗る馬長を出し、馬長となった少年たちの小舎人童が美しく着飾って練り歩く様子を庶民たちは楽しんだという。また、祇園御霊会には田楽など歌舞音曲なども奉納され、この祭礼は現代まで続いており、京都の夏の風物詩となっている。

5月・6月の行事

流鏑馬の原型となる行事も行われた

5月・6月には流鏑馬の原型となった騎射や、今も華やかな祇園祭として続く祇園御霊会などが行われた。

騎射

馬に乗って走りながら3つの的を射る。鎌倉時代に入ると、これが流鏑馬へと発展し、幕府の年中行事になった。

薬玉

さまざまな薬草で作った玉に木の花を飾って、青・赤・白・黒・黄の五色の糸を垂らした飾り。贈り合って楽しんだ。

祇園御霊会

祇園社の祭り。着飾った小舎人童（召使いの少年）たちが練り歩き、歌舞音曲や田楽も奉納された華やかな祭り。

水無月祓

6月に行われた大祓（12月にも行われた神道の祓いの儀式）。半年間の罪や穢れを祓って、残り半年間の無事を祈願した。

135

<table>
<tr><td>年中行事の
作法
その四</td><td colspan="2">殴る蹴るがOKの
相撲大会では死者が出た</td></tr>
</table>

該当する人々 ▷	皇家	上級貴族	中級貴族	下級貴族	庶民

該当する時代 ▷	平安前期	平安中期	平安後期

 都の秋、年中行事は少ないが、詩歌が興隆し秀歌が生まれた

七夕といえば現代では夏の風物詩だが、旧暦の時代は秋の訪れを告げる祭りであった。織姫と彦星の恋物語は中国が発祥で、その後日本に元からあった「棚機津女」の伝説と結びつき、奈良時代から年中行事となった。当初は昼に相撲、宵に詩の宴が開かれたが、平安時代になると別々の日となり、牽牛と織女の逢瀬「乞巧奠」が7月7日の行事となった。

この日に行われるのは、水辺で禊、祓を行い、庭の木などに糸を張り衣類を掛けて並べて機織り女に供える。そして、水を張った盥に2つの星を映して眺め、梶の葉に和歌を書いた。竹に短冊を下げる現代の風習は江戸時代からのものである。

「相撲節会」は、7月7日の昼、諸国から集まった相撲人の対戦を天皇が観覧したことからはじまった行事。対戦は、力の弱い者からはじまり、結びの一番は最高位の最手（現在の大関に相当する）の取り組みであった。現在のように行司はおらず、土俵も造られなかった。しかも、殴る蹴るが許されるなんでもありのルールであり、死人も出たという。

8月に入ると、十五夜の月を愛でる「月見の宴」が開かれた。観月は中国唐の時代（618年〜907年）にはじまったもので、日本では康保3年（966年）村上天皇主催の清涼殿で行われた前栽合という月見の歌宴が有名である。二手に分かれて作った和歌の優劣を競い合った。また、白河上皇が鳥羽殿で開いた宴は、池での舟遊びや管絃（舞のない楽器だけの演奏）、和歌の会が催されて、後年へと継承されている。

十五夜の宵、名月を眺める風習は現在でも各地で行われている。ちなみに、日本三大名月鑑賞地として、京都の大覚寺大沢池、奈良の猿沢池、滋賀県大津市の石山寺がある。

136

7月・8月の行事

相撲や七夕、十五夜のお月見を楽しんだ

7、8月には現代でも行われている相撲、七夕、十五夜のお月見のルーツとなる行事が催された。

相撲節会

7月7日に、「相撲使」が諸国で見つけてきた力自慢たちが、天皇の前で相撲をとる。翌日には、選ばれた者たちの取り組む「抜出」、7日に出場しなかった者が取り組む「追相撲」が行われた。

乞巧奠

女性が裁縫の上達を祈って行う7月7日の祭り。織姫と彦星の星に祈願する行事で民間にも広がり、現在の七夕に発展した。

月見の宴

8月15日に月を鑑賞する。中国から伝わり、9世紀半ばに漢詩人たちが和歌や音楽、舟遊びなどで楽しむようになった。

菊の花には不老長寿の力があると考えられていた

年中行事の作法 その五

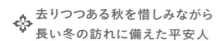

該当する人々 ▷	皇家	上級貴族	中級貴族	下級貴族	庶民

該当する時代 ▷	平安前期	平安中期	平安後期

❖ 去りつつある秋を惜しみながら 長い冬の訪れに備えた平安人

9月9日、つまり「九」の字が重なる「重陽節会」。中国においては奇数は「陽」と考えられ、「陽」の気が強すぎることは不吉と考えられた。そのため、その邪気を払う行事としてはじめられたが、その考えが一転して、祝祭となった。

日本には天武天皇14年（685年）に菊の花を愛でながら菊酒を嗜む菊花宴が開かれたと『日本書紀』に記されている。ところが、天武天皇自身が朱鳥元年（686年）9月9日に崩御したことから、延暦10年（791年）まで国忌（天皇の命日）とされ、儀式が中断。ようやく平安時代になって復活し、嵯峨天皇の代には神泉苑で文人墨客を集めた宴を開き、天長8年（831年）の淳和天皇の代には紫宸殿で開催され、以降継続。参席者に酒を注ぐ行酒、雅楽の奏楽、漢詩を作る賦詩などが披露され、金品な

どを与える賜禄で締められた。天皇の出御しない際は「平座」という。10月になると宮中では「亥子餅」が臣下たちに配られた。大豆、小豆、大角豆、ゴマ、栗、柿、飴などの材料を混ぜ、猪子の形に造形した餅で、この日に口にすれば万病を取り除くと考えられたのである。また、多産のイノシシにあやかり子孫繁栄への願いも込められていた。

朝廷では、内蔵寮が拵え、朱塗りの盤4枚に盛りつけ、女房が朝餉の席で供したのち、殿上人に配られた。

10月のはじめに開かれた「残菊の宴」とは、重陽節会を過ぎても咲いている名残の菊花を楽しむ宴で、天皇が出御して菊酒（菊花を盃に浮かべた酒）を下賜し、奏楽が行われた。残菊の宴は、これからはじまる長くて寒い冬の到来に備えるための宴であり、可憐に咲き残った菊花を平安時代の貴族たちはいとおしく思ったことだろう。

また、10月は夏用から冬用へと服装が変わる更衣があった。

9月・10月の行事

菊の力で不老長寿を願った

9月・10月には夏用から冬用への更衣があったほか、菊にまつわる行事も行われていた。

菊の被綿
9月8日の夜に菊の花に綿をかぶせる。翌朝、菊の香りと露が移った綿で肌をなでることで、不老長寿を願った。

菊酒（残菊の宴）
9月9日の重陽節会では、菊の花を酒に浮かべた「菊酒」を飲む。菊には不老長寿の力があると考えられていた。

冬の更衣
10月1日に着物を夏物から冬物へと替え、室内の家具も新しいものにした。間仕切り用の几帳で使った帷子（垂れ布のこと）などは女房や下々の者たちがもらえたので、大変な人気だったという。冬物から夏物への更衣は、4月1日に行った。

139

| 年中行事の
作法
その六 | 鬼っぽい見た目の方相氏が
鬼を追い払う役だった |

| 該当する
人々 ▷ | 皇家 | 上級
貴族 | 中級
貴族 | 下級
貴族 | 庶民 |

| 該当する
時代 ▷ | 平安前期 | 平安中期 | 平安後期 |

❖ 11月は五穀豊穣に感謝し、鬼払いの追儺で宮中を清めた

11月を迎えると季節は冬本番となる。五穀の収穫に感謝する「新嘗祭」は宮中行事として最も重要な祭祀であり、その起源は弥生時代にまで遡る。元来は冬至に行われていたが、旧暦11月の中の卯の日と定められ、明治初年に新暦となってからは現在の勤労感謝の日である11月23日に決められた。

式次第における天皇の所作は、夕刻に入浴し身を清め、神を祀る神嘉殿に入り、用意された神の飲食物である神饌を供える。これを「御親供」という。その後、天皇自身も備えた米飯、栗飯、白酒、黒酒などを食する。この儀を二度くり返し、それぞれ「夕御饌の儀」「朝御饌の儀」と呼ばれた。

平安時代には、新嘗祭の翌日、天皇が新穀を群臣に振る舞い、日本古来の楽である神楽歌や催馬楽などが奏でられ、酒を飲む「豊明節会」が催された。

ちなみに、江戸時代の国学者である本居宣長によれば、「豊」は誉め言葉で、明は酒で顔が火照って赤らむことを指すという。

12月晦日に行われた「追儺」は、中国の儀式を由来とする悪鬼を祓う祭祀で、「儺」の字自体が「悪鬼を追い払う」という意味を持つ。ちなみに、鬼を追う役のことを方相氏といった。宮中の「大舎人（下級役人）」から選ばれた大男が黒衣に朱の裳を着け、金絵具で描かれた四ツ目の仮面をつけて、右手に戈、左手に楯を持って現れる。桃の弓と葦矢を持った群臣が目に見えない鬼を追って「儺遣らう」と大声を上げて宮中を練り歩き、内裏の東西南北四門を出て都の大路を練り歩いたという。また、実際に矢が放たれたというのだから追われる鬼も命がけであっただろう。この「追儺」が現代において、2月に行われている節分祭の原型である。平安時代では、年末の年中行事だったのだ。

11月・12月の行事

儀式で舞った女性はそのまま天皇の妻になる

11月・12月は今も行われている収穫を神に感謝する新嘗祭、節分の豆まきの原型である追儺などが行われた。

五節の舞

大嘗祭(天皇が即位して最初の新嘗祭)、新嘗祭翌日の豊明節会で女性が舞う。飛鳥時代の天武天皇が天女を見たという伝説から、天女をイメージした舞となっている。当初は舞った女性はそのまま後宮に入っていたが、10世紀以降には後宮入りは取りやめとなった。

新嘗祭

その年に新しくとれた米や穀物を天皇が神に供えて、収穫を感謝し、翌年の豊かな実りを祈願する。

方相氏

追儺

12月の大晦日に行われる儀式。大舎人から選ばれた仮面をつけた方相氏が、疫病や災難を退散させる。のちに節分に発展した。

column ④

紫式部や清少納言の本名は 誰も知らない

現代に伝わらなかった女流作家の本名

『源氏物語』は紫式部、『枕草子』は清少納言と、作者の名前と私たちは思い込んでいるが、これらはすべて「渾名」のようなもので、本名についてはわかっていない。『更級日記』の作者は菅原孝標の次女であり、『蜻蛉日記』は藤原道綱の母が作者であるが、個人名は今に伝わっていない。平安時代、直接本名を呼ぶことは無礼なこととされ、官位名や役職名、暮らしている場所、屋敷の名、父親の名前で呼ぶことが常識だった。女性で明確に名が残っているのは皇族や摂関家の姫君、天皇家に関わる女性たちだけである。また、書かれた物語や日記は、仲間の間だけで回し読みされるものであったため、筆跡を見れば誰が書いたか判別できたことから、作者の名を表す必要がなかったのである。

五章

住 ま い の 作 法

官僚として国政を担っていた平安貴族が住む屋敷は、一体どのような場所だったのだろうか？　また、仕事がないときは、屋内や敷地内でどのように過ごしていたのだろうか？　本章では、そんな「住まい」にまつわる貴族たちの作法を解き明かす。

貴族は1000坪以上の
チョー広い屋敷に住んでいた

該当する人々	皇家	上級貴族	中級貴族	下級貴族	庶民

該当する時代	平安前期	平安中期	平安後期

◆ 平安時代の代表的建築
貴族の邸といえば寝殿造

平安時代の代表的な貴族建築として知られる寝殿造。複数の建物によって構成され、築地と称する土塀で囲まれた敷地内に庭や池を有する広大なものであった。

寝殿造では、その名の由来となった寝殿（正殿）を中央に配し、その南側には砂を敷きつめた庭が置かれていた。また、寝殿の東・西・北などに別棟に当たる対屋（対）を配するのも特徴で、それぞれ東の対、西の対、北の対と呼びならわした。寝殿とこの対屋は、渡殿と呼ばれる通路（渡り廊下）で結ばれている。とはいえ、これは標準的なものであり、実際には東西に対屋がない場合などさまざまな例があった。

左右対称のシルエットにまず目が行きがちだが、母屋と呼ぶ中央部は内部が柱だけで壁がほとんどない。この開放感も寝殿造の特徴といえよう。建物

によって異なるが、母屋で唯一、閉鎖空間といえるのが、塗籠と呼ばれる周囲を仕切られた二間四方（八畳ほどの大きさの正方形）の空間。『源氏物語』には、女性が言い寄る男性から逃げて塗籠に隠れるエピソードが描かれている。この塗籠のほかは、建物全体が庇（家の外側に付く小さな屋根）との境に障子をはめて区画されていた。

寝殿造の建物の外周は、簀子という濡れ縁で囲まれている。このうち庭に面した南側には御簾などが垂らされ、行事が行われるときにはここが観覧の場となった。また、建物から地面に降りられるよう、簀子には階（階段）が複数しつらえられている。このうち南側の簀子から地面に降りる階を御階と呼んだ。御階は高貴な人専用だったが、儀式の折などにも使われたという。

建物には、東西それぞれの面に出入り口がつけられている。妻戸という観音開きの戸で、「妻」は長方形の建物の端を意味した。

屋敷

南に広大な池と庭を持つ貴族の大邸宅

寝殿の両脇に対屋を配し、正面には庭と池が広がる寝殿造。
日本史上でも、特徴的な建築様式のひとつといえるだろう。

寝殿

屋敷の主人の居室で、寝殿造の中心となる
建物。寝殿は正殿の意。東西北に対屋と呼
ばれる別棟を配置し、南側は開放的な庭と
なる。

対屋（対の屋）

寝殿から見て東西北の三方に配される別棟。
ただし、必ずしも三棟がそろうわけではない。
寝殿とは渡り廊下で行き来する。

釣殿

南端の池に面した場所にある建物。壁のない吹
きさらしで、月見や管絃鑑賞など宴の場として使
用されるようになった。釣ができそうなのでその
名がついたが、実際に釣をすることはなかった。

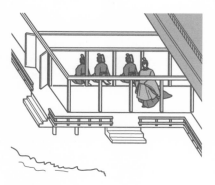

吹きさらし

対屋の南面には、広庇という接客用に使わ
れる部屋があった。広庇の上には庇屋根が
付いていたが、吹きさらしだった。

145

長押
なげし

柱と柱の間をわたす横木。当時は貴族の屋敷にだけ使用されていた。現在は構造物として、より装飾的な意味で用いられる。

寝殿造の屋内

固定的な仕切りがないのが寝殿造の特徴。ただし、目隠し代わりとして御簾や几帳などを用いた。冬は暖房効果を上げる目的でもあった。

釣殿
つりどの

中門
ちゅうもん

中門廊
ちゅうもんろう

西対
にしのたい

寝殿造の外観

複数の建物と庭や池によって構成される寝殿造。平安貴族の邸宅に使われる、当時の代表的な建築様式だ。敷地の中心に置かれる寝殿の南面には、砂敷きの庭と池が広がっている。貴族たちはここにさまざまな趣向を取り込み、変わりゆく四季の風景を楽しんだ。

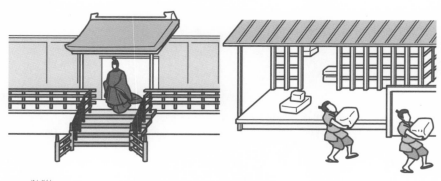

階隠
（はしがくし）

母屋の南側、建物から降りる階段が雨に濡れないよう設けた庇が階隠。階段の前に2本の支柱を立て、その上に設置する。

倉

隣接する敷地には倉が建てられた。光源氏の住む六条院の冬の町は、寝殿がなく、北側が倉の並ぶ御倉町になっていた。

渡殿（わたどの）
寝殿（しんでん）
東対（ひがしのたい）
築地塀（ついじへい）
立石（たていし）
中島（なかじま）

六条院

光源氏が住んでいた架空の大邸宅。六条京極にあったとされ、敷地はそれぞれ、四季にあてはめた4つの町に分かれていた。冬の町以外は、寝殿と春夏秋冬の趣向を凝らした庭園を有する広大なもの。光源氏はこのうち春の町に、紫の上と暮らしていた。

❖ 大路に面する門があるのは三位以上の貴族の邸

寝殿造の建物の外部には玄関口となる門、釣殿、釣殿と対屋を繋ぐ中門廊、敷地外周を囲む築地などがあった（P146参照）。

門はその邸、ひいては所有者の格式を表すもの。そこで規模や構造などに規制が設けられていた。たとえば、大路（都の縦横を走る大通り）に面する門は三位以上と、四位の場合は参議の役人のみ許されていた。四面すべてに門があったわけではなく、南門はあまり例がない。北門は通用門として使われ、公卿などの高官は大路側を正門とする決まりだった。

ひとくちで門といっても、その種類には唐門・棟門・平門・上土門などさまざまな形式がある。唐門は、屋根に唐破風があることから呼ばれる。唐破風は弓を横にしたような形で、中央が高く、左右になだらかに流れている。「唐」

という文字があるため、中国から入ってきたように思われがちだが、この時代に日本で生まれた。

南庭の池に面した場所には釣殿と呼ばれる建物が置かれていた。釣をする場所のようにも思えるが、そんなことはない。ただ、花見や月見、納涼などの各種宴がここで行われていた。

東西の対屋からは、釣殿へと続く連絡通路が延びている。これを中門廊といい、簀子と呼ばれる吹きさらしとなっている。また、釣殿と中門廊の間にあるのが中門で、いわば玄関口である。正門を入り、中門との間に建てられたのが車宿。当時、車といえば牛車なので、車宿は牛車から牛を外した本体の車庫となる。

出入り口にあたる門を除くと、敷地は築地と呼ばれる土塀で街路と隔てられている。柱を立て、板を芯として土をつき固めたもので、上部に板を置いて土を塗り固めた上土形式のほか、屋根を瓦で葺いた瓦葺形式もあった。

門

外観だけで家の格も一目瞭然

外周を築地などで囲まれた貴族の邸宅には、門をくぐって出入りする。門には、家格や用途に応じた種類があった。

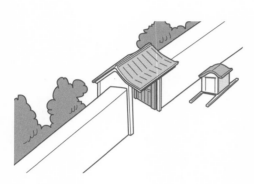

正門

大路に近いほうが正門で、大路に門を構えられるのは上級貴族のみだった。門構えにも位による制約があるため、門を見れば家格もわかった。

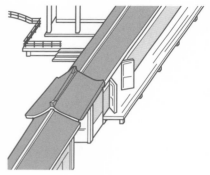

中門

対屋と釣殿の連絡通路が中門廊。その中間にある屋根つきの門。中門をくぐると南庭に出られた。ちなみに来客は正門の外で牛車を降りるのが決まりだった。

車宿

牛車から牛を放し、本体は別に車宿という車庫に入れておいた。正門と中門の間にあり、下は土間。切妻の屋根がついていた。

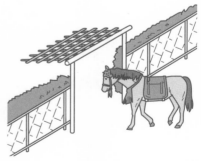

蔀（格子）の門

庶民宅に見られる粗末な門。『源氏物語』の中で、夕顔が身を寄せていたとされる五条の小じんまりした方がこれだとされる。

庭にある人工的な島は、
松島の海をイメージしたもの

該当する人々 ▷	皇家	上級貴族	中級貴族	下級貴族	庶民

該当する時代 ▷	平安前期	平安中期	平安後期

❖ 花見や宴を楽しんだり
舟遊びや鵜飼をすることも

寝殿造の広い南庭には大きな池が掘られ、平安京を縦横に流れる水路から遣水と称する水路が引かれていた。作泉を行うこともあった。屋敷の外から水を引き、樋を使って斜めに地中に流し入れて噴出させる、サイフォンの原理を使った人工の泉である。手間ではあるが、当時の貴族はそれだけ泉に思い入れがあったのだ。

遣水は周りに石組みをしたり、前栽（植え込み）を設けることもあった。遣水の途中には、やはり石組みの滝も設けられた。平安京は、南にゆるやかに下る傾斜地。そのため、こうした水の流れを利用した仕掛けを楽しむことができた。また、滝の落ち込みは1メートル半ほどの高さに作ることができたようである。こうして作られた池と遣水は、それぞれ海と川に見立てられたものだった。

屋敷の敷地の南に広がる大きな池のほとりには、築山が築かれ、木々が植えられた。山里の風情を模したものだ。また、作庭の一環として、池の中やほとり、中島など、庭のそこかしこには石が配されて立体感を演出。四季の草花を観賞するための前栽も作られた。

池を望む中門廊の南端には、涼を楽しむために釣殿が設けられている。これがやがて、花見や月見を行い、詩歌や管絃を楽しむ宴の場として用いられるようになった。中には母屋、庇、簀子を有した本格的な釣殿もある。舟着き場から舟を出し、水面を漂う舟の上から池や庭の四季折々の風情を楽しむこともあった。平安貴族らしい、優雅な遊びといえよう。

これまた優雅なことに、池では鵜飼が行われることもあった。『源氏物語』第33帖「藤裏葉」の巻では、この時期、源氏が邸宅としていた六条院への行幸（帝の外出）が描かれる。このときも院の池で鵜飼が行われている。

南庭

寝殿造に不可欠な広い庭

寝殿造の建物の南側には、砂敷きの庭と広い池がつきもの。
貴族はそこにさまざまな工夫を凝らし、四季の風情を楽しんだ。

前栽
せんざい

庭の植え込みのこと。寝殿造でも建物の側
にだけ配置されていたが、遣水の側なら何
を植えるかなど、場所や季節に応じた定法
があった。

立石
たていし

庭に大きさや形の異なる自然石を配置し、
石組みをすること。石を運び入れるだけでひ
と苦労。富裕な上級貴族の特権だった。

中島

庭の池は海や川に見立てたもの。島も浮か
んでいた。島は立石などで演出され、舞楽
の演奏の舞台として使われることもあった。

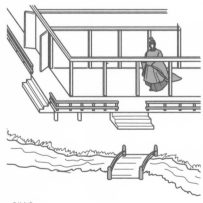

遣水
やりみず

庭には小さな水路を通して、池まで水を引
いていた。これを遣水という。ただ水を流
すだけでなく、自然な流れに見えるよう工夫
した。

瓦葺屋根は重くて持ち運びに不便なのであまり使われなかった

| 該当する人々 ▷ | 皇家 | 上級貴族 | 中級貴族 | 下級貴族 | 庶民 | | 該当する時代 ▷ | 平安前期 | 平安中期 | 平安後期 |

❖ 全面瓦葺＋入母屋造が最も格式が高い屋根だった

平安時代の建物によく見られる屋根の形状には、切妻造、寄棟造、入母屋造などがある。

屋根の一番高いところを棟という。この棟から下に向かって屋根を二方に葺き下ろし、両方の端（妻）を切り落とした形状が切妻造（真屋）。また、このとき両端を正面から見ると山形になる。これを破風といった。切妻造は寝殿造では中門廊の南端などに見られる。神社建築でも本殿の屋根に使われることが多い。

寄棟造は東屋ともいう。棟から勾配状に四方に葺き下ろす形式の屋根だ。現代でも、切妻造と並んでポピュラーな形状である。切妻造では屋根の両端を切り落とすため、棟は二つの傾斜面の境にできる。これに対し寄棟造の場合、棟が四つの傾斜面の中央にできるのが特徴といえるだろう。

入母屋造は、寄棟の上に切妻が乗った形状。つまり頂点近くは切妻で、下半分を四方へ葺き下ろした屋根である。格式の高い形式とされ、寝殿によく見られる。

屋根を葺く材料には、おなじみの瓦のほか、檜皮・板・茅・葦などがあった。瓦は寝殿造では御殿の棟瓦として使われるだけで、全面瓦葺となると寺院や大極殿（朝廷の正殿）などに限られる。瓦があまり使われないのが平安時代の特徴といえる。

檜皮は小板状にした檜の皮。高級品であり、檜皮葺は宮中や貴人邸の主要な建物で用いられた。これに対し、下級貴族の家によく見られるのが板葺。槙や杉などの板で屋根を葺く。板葺の家を板屋というが、板屋は古くなると汚れて黒くなり、みすぼらしく見えたという。なるほど貴人宅では使いづらい。寝殿造でも檜皮葺を主に使い、板葺は下屋（主殿の後ろにある作業場）などに使用した。

屋根

屋根の造りで建物の格式がわかった

屋根の形状と素材を見れば、その建物の格がわかる。平安時代の屋根は入母屋、寄棟、切妻の順に格式が高かった。

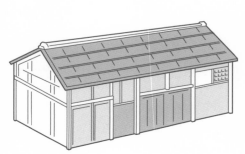

板屋

庶民の家の屋根は槙や杉の板を用いた板葺で、そうした屋根の家を板屋といった。年を経ると黒ずんで見た目が悪くなるのが欠点。

茅葺

茅（ススキやスゲなど）で屋根を葺く茅葺。屋根のタイプとしては最も歴史が古い。平安時代も民家の屋根に使われた。

切妻造（真屋）

屋根の妻（端）の方を切り落としたような形状の屋根。寝殿造では対屋などに使われ、妻側に庇をつけていた。

寄棟造（東屋）

四つの傾斜面からなる寄棟は、現代建築でもよく使われる。入母屋の登場以前は、格式の高い建物に使用された。

入母屋造

寄棟の上に切妻が乗った入母屋は、平安中期より最も格の高い屋根として定着していった。寝殿造では正殿となる寝殿に用いられる。

屋敷の垣に使われる素材で、その家の格がわかった

❖ 屋敷の垣の素材を見れば貴族の格がわかった

築地と呼ばれる土塀のほかに、建物や土地を区切る垣がある。対象となる人や物を隠したり、その反対に他者の視線や行動を遮るためにも用いられた。また、外からの侵入者を防ぐ効果を期待して設置される場合もあった。

このように多用途の垣には、性質による呼称の違いもある。たとえば築地を意味する場合は大垣、隣家との境界に作る場合には中垣といったように。宮中や神社に設けられたものは瑞垣・玉垣などとも呼ばれた。

垣には材質による区別の仕方もある。檜垣は、檜の薄い板を斜めに網代のように組んだ粗末な垣根。庶民の家で、築地の代用として使われた。板垣は板製の葦垣は葦を結い合わせて作った垣根で、これらは素材がそのまま名称になっている。

同じく柴垣は柴を編んで作った垣

根。前栽などを区切るためにも用いる。小柴垣というものもあるが、これは柴垣の丈の低いもの。小柴ともいう。『源氏物語』の「若紫」の巻で、源氏が若紫（のちの紫の上）を通りがかりに垣間見たのも小柴垣からだった。

素材はそのよし悪しが明確で、素材の劣るものは見た目も安っぽい。逆にいうと、屋敷の垣の素材を見れば住まう貴族の格も一目瞭然だった。

透垣・立蔀・籬なども垣に分類されるが、こちらは庭内で使われることが多い。透垣は、割った細板や竹を表裏に交互に並べ、間を透かすようにした垣根。「すいがき」ともいう。建物の近くに配置し、室内の目隠しにした。

板を格子状に組み、台座に立てた板塀が立蔀。移動可能で、宮中でも使用された。殿舎近くに置き、目隠しにする。籬は籬垣ともいう。竹や柴を結って作る、目が粗く低い垣根だ。前栽などを保護するだけでなく、草花と合わせることで観賞用にもなった。

垣（垣根）

身分の差は、そのまま垣の差ともなる

垣は建物や土地を囲ったり、隣接した土地などと区切るために設ける。また、目隠しや防犯目的でも設置された。

透垣

竹や細い板を、少し間を空けて交互に並べることで、間を透かすようにした垣根。目隠しのため、もとは敷地内に置かれていた。

板垣（いたがき）

板を並べて作った垣根。光源氏は荒れ果てた末摘花（すえつむはな）の屋敷を修理する際、板垣を屋敷の周囲にめぐらせ築地の代用とした。

檜垣（ひがき）

竹や杉などを互い違いに編んだものを網代（あじろ）という。檜の薄板を斜めに網代のように組んだ垣が檜垣。庶民の家では築地の代用とした。

葦垣（あしがき）

葦を結い合わせて作った垣根。古びやすく崩れやすい粗末なものだった。家の裏など目立たない場所に使われた。

部屋の仕切りはいつでも使える持ち運びタイプ

該当する 人々 ▷	皇家	上級貴族	中級貴族	下級貴族	庶民

該当する 時代 ▷	平安前期	平安中期	平安後期

❖ 固定式と移動式の屏障具を用途に合わせて使い分けた

寝殿造の特徴は開放性の高さにある。固定された間仕切りや設備は、そうした思想に逆行するもの。そこで取り外しの容易な障子・几帳・屏風などの屏障具を置いて屋内を区画した。そして各区画（部屋）ごとの用途に合わせて移動可能な座臥具や収納具、照明具を配置し、飾り立てていった。このようにして生活空間や儀式の場を作ることを室礼という。室礼には所定の作法があり、季節や儀式に応じたルールがあった。

開放的とはいえ、柱がところどころ立つだけであとは素通しということだと、かえって居心地が悪い。そこで他者の視線や、みだりやたらな人の移動を制限するため、屋内各所に屏障具を配置した。このうち障子（現在の襖）・御簾・壁代は、部屋の用途に応じて固定されるもの。パーテーションやカー

テンのようなものである。

障子には出入りができないようにする嵌め込み式のほか、衝立式、壁に添える装飾用の添えつけ式などがあった。御簾は簾の敬称で、光と風を通して圧迫感を減らす一方、中を暗くすれば外から見られる心配がない。寝殿造では母屋の柱の間や、妻戸の内側にかけられた。壁代は帷子（垂れ絹）を壁代わりに用いたもの。御簾や障子の内側にかけ渡し、裾は御簾の外に押し出すようにする。主に防寒用で、夏は取り外していたようだ。

貴族の屋敷では、こうした固定して用いるタイプの屏障具と合わせて、屏風や几帳など移動の容易な屏障具を併用することで空間演出を行っていた。折り畳み式の仕切りである屏風は、使わないときは畳んで隅に寄せたり、袋に入れてしまっておけるのが利点である。几帳は壁代を衝立状にしたもの。暑いときには風を通すため、帷子を横木にかけて用いた。

屏障具

開放的な寝殿造ならではの調度品

寝殿造の室内には、仕切りや目隠しのため、御簾・几帳・障子など多種多様な調度品（屏障具）が用いられていた。

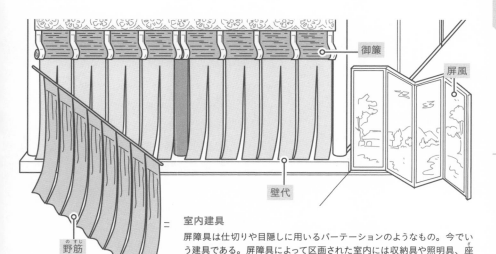

御簾

屏風

壁代

野筋

室内建具

屏障具は仕切りや目隠しに用いるパーテーションのようなもの。今でいう建具である。屏障具によって区画された室内には収納具や照明具、座臥具が置かれ、生活空間を飾り立てた。固定式家具のない寝殿造では、こうした道具の数々は、移動可能なものが多かった。

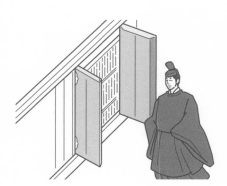

妻戸

両開きの板戸。内側に錠代わりの掛け金がある。寝殿の東西両側面に設けられ、妻戸の内側には御簾がかけられていた。

遣戸

引き戸。左右に引き違えて開け閉めする。基本的には粗末なもので、女房の部屋などに設けられた。貴人の部屋にはつけない。

タンスも化粧台も、備えつけの大型家具は一切なかった

該当する人々 ▷	皇家	上級貴族	中級貴族	下級貴族	庶民

該当する時代 ▷	平安前期	平安中期	平安後期

❖ 身分や立場によって使う家具に違いがあった

寝殿造では建物の床は全て板敷きのため、座ったり横になったりするのにさまざまな座臥具が使われていた。

貴人が用いる方形の座臥具を浜床という。この上に畳を敷き、支柱を立てて帷子（垂れ絹）を垂らした寝台が御帳台である。寝殿や対屋の母屋に置かれ、屋敷の奥方や姫たちもがこれを使い、女房たちは畳や筵の上に寝ていたという。枕は当時、木製のものが一般的で、枕箱にしまった。脇息は、細長い板の両端に脚がついた肘掛け。香木を使い、蒔絵・螺鈿・黄金などを施した高級品もあった。

建物の床には用途に合わせて敷物を敷く。藺（イグサ）・藁・竹などで編んだ筵は、現代ではみすぼらしいイメージがあるが、当時はカーペットのようなもの。畳は財政事情によって縁の材質や文様、色調に差があった。

褥は今でいう座布団のようなもの。床や畳に敷き、座ったり物を置いたりした。円座は藺・菅・藁などを平たく渦状に丸く組んだ敷物。腰掛けには倚子（椅子）、床子などがあったが、もっぱら宮中で使われた。

寝殿造には押し入れや、箪笥や化粧棚といった固定的な家具がない代わりに、各種の収納具が使われた。厨子・二階棚は移動可能な棚。このうち厨子は両開きの扉つきの棚で、上に棚が乗ると厨子棚と称した。棚には箱類のほかに、装飾品などが置かれた。

箱は木・竹・草・革・鋳物などから作られた。呼び名は素材に由来することが多く、香木だと紫檀の箱・沈の箱、鋳物だと金の箱・白銀の箱などと呼ばれる。また、その装飾から螺鈿の箱、蒔絵の箱などと呼ばれることもあった。箱には衣装を入れる衣箱・衣櫃や、手回りのちょっとした品を入れる手箱、書物などを入れる冊子箱など多種多様な種類がある。

家具①

作りつけの固定的な家具がなかった

固定的な家具がない寝殿造では、移動可能な収納具が目的や用途に応じて使用された。厨子や棚などである。

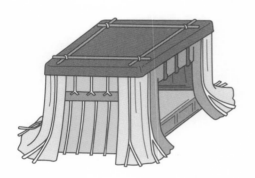

御帳台（みちょうだい）

浜床という正方形の台の上に畳を敷き、四隅に立てた支柱の間に帳を垂らした調度。寝所、座所として貴人が用いた。

脇息（きょうそく）

細長い板の両端に脚がついた肘掛け。座るときに体の脇や前に置き、肘を置いて体をもたせかけるようにして使用した。

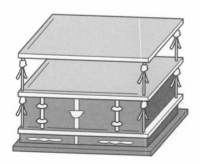

二階厨子（にかいずし）

もともとは御厨子所（みずしどころ）（台所）で使っていたとされる収納具。寝殿造の母屋に置かれ、上段には箏（そう）、下段には巻物や手箱などを置いた。仏像なども収納した。

二階棚（にかいだな）

二階厨子より小型の移動可能な棚。上段には火取（ひとり）（香炉）、下段には唾壺（たこ）（唾を吐く壺）や打乱箱（うちみだればこ）（整髪具入れ）などを置いた。

家具②
（座臥具）

貴族が愛用した座臥具^{（ざがく）}

寝たり座ったりするのに用いる座臥具。いずれも体を休めるための道具だが、中には装飾性に富むものもあった。

枕

枕の素材はポピュラーな木製のほか、石製、陶製、布製、玉製などがあった。形状も多種多様で、円筒状や直方体のものもあった。

衾^{（ふすま）}

就寝時に体の上に掛ける夜具。布を縫い合わせ、中に絹綿を詰めたものもある。長方形のものと、襟や袖を持つ直垂衾^{（ひたたれぶすま）}があった。現代でいう布団。

胡床^{（あぐら）}

脚を交差させて折り畳めるようにした腰掛け。尻を乗せる部分は革張りになっている。携帯用で、屋外で席を設けるときに使用した。

円座^{（えんざ）}

座布団のような当時の座具。藁や藺、菅などを平たく渦状に組んで作った。周囲を布帛^{（はく）}で縁取ったものもある。

家具③（収納具）

目的別に作られた多彩な収納具

手回りの品から文書。女性であれば整容具や整髪具など、さまざまな物品をしまう専用の箱があった。

唐櫃（からびつ）

櫃は蓋付きの箱。このうち脚のないものを大和櫃、あるものを唐櫃という。衣類や文書などを入れた。

花机（はなづくえ）

仏前に置いて、花や経文、仏具などを載せるための机。脚に花形の模様が彫られたものが多い。

手箱

箱の本体に3つの懸子（かけご）（箱の縁にかけてはめる浅い箱）がつき、整容具、整髪具、香道具、硯箱（すずりばこ）など手回り品がほぼ収納可能だった。

薬箱

薬やその調合のための道具を入れる箱。二階棚に置かれた。折立（おったて）（箱や櫃などの内側に錦などの織物を張りこめたもの）がついている。

冊子箱

冊子（書物）や習字の手本などを入れる、長方形の角を切り落としたような切角（きりずみ）の箱。中国風に葉子箱（ようじばこ）とも。折立がついている。

文台（ぶんだい）

黒漆塗りの4脚の台で、詩歌に関連した儀式や行事の際に懐紙や短冊などを載せた。ものを書く台としても用いられた。

衣架（いか）

衣服を掛けておくための家具で衣桁（いこう）ともいう。衝立式と、2枚に折れる屏風式がある（衣桁屏風）。装飾的な意味合いもあった。

照明器具はスタンドタイプと
持ち運びタイプがあった

住まいの作法
その八

該当する 人々 ▷	皇家	上級貴族	中級貴族	下級貴族	庶民

該当する 時代 ▷	平安前期	平安中期	平安後期

❖ 夜が真に暗かった時代は
灯りひとつにも風情があった

灯火具（燈火具）は平安時代の照明器具のこと。燃料には菜種油や松材を用いた。多種多様な灯火具のうち、室内でよく使用されたのが灯台だった。

灯台は金網製の油皿と台からなり、皿の菜種油に灯心を浸して火を灯す。台の形状により高灯台、結び灯台、切灯台、高坏灯台といった種類がある。

高灯台は高さ1メートル以上のもの。当時としては最も一般的な灯台で、黒漆塗りのものが多い。結び灯台は台座がない古くからあるタイプの灯台。3本の細い棒を真ん中やや上部で結わえ、交差して三方に開いた棒の上に油皿を置いた。切灯台は高灯台よりも背が低いものである。高坏灯台は高坏を逆さにして台座の代わりにし、その上に油皿を置いた。灯火具としては簡素だが、床に近いので手もとが明るく見えた。

照明を強くしたいときは灯籠も併用する。これには室内外で用いる釣灯籠と、屋外用の台灯籠がある。前者は軒などから吊り下げて用いた。灯籠は宮中・邸宅・神社などでも使われた。また、庭先には篝火も置き、月明かりがない夜には灯籠とともに灯りとした。篝火は火籠に割り木を入れて燃やす室外用の照明。庭先や遣水のほとりに置き、炎が揺らめきながら燃えるさまを楽しんだ。夜の闇を照らす灯籠や篝火は、庭の景色とあいまってその風情が好まれたのである。

『源氏物語』には夜の暗闇に浮かぶ灯台の明かりがさまざまなシーンで登場する。火影に浮かぶ女性たちの姿や、灯を眺めて物思いに沈んでいる場面など、灯火が印象的に語られている。「薄雲」の巻では、光源氏が愛した藤壺が「灯火が消えるように亡くなった」と描かれている。平安の人々は灯火からもれる優しい明かりに風情を感じたのだろう。

照明具（灯火具）

照明によって女性の美も演出

夜ともなれば照明具の灯りだけが頼り。平安の人々は、火影に浮かぶ女性の姿や夜の情景に美や風情を感じた。

篝火（かがりび）

鉄製の火籠に割り木を入れて燃やす照明。火籠を鉄の柄釣の先に吊るす釣篝と、3本の鉄棒を結んだ上に乗せる据篝がある。

結び灯台

3本の棒を結び、上下を開いて立てて台座代わりとし、その上に油皿を置いたもの。初期の灯台で宮中の行事で使用された。

立明（たてあかし）

儀式のときの照明として、手に松明を持った人々を並ばせたもの。人には持たせず地面に並べた場合も同じく立明という。

高灯台（たかとうだい）

最もポピュラーな灯台。高さが1メートル以上ある。台座に長い柱を立て、その上に金輪という油皿を載せる台座を置いたもの。

火鉢で調理をしながら、同時に部屋も暖めていた

該当する
人々 ▷

皇家	上級貴族	中級貴族	下級貴族	庶民

該当する
時代 ▷

平安前期	平安中期	平安後期

❖ 冬の寒さは寝殿造の弱点
火桶や火炉が手放せなかった

平安時代の貴族は広壮な屋敷に住んでいたが、厳しい冬はその開放性が仇となった。厚い壁や天井を持たず、風が吹き抜けやすい構造をしていたため、暑い夏は過ごしやすい半面、冬の寒さは甚だしいものがあったのだ。当時の暖房具の熱源は木炭。これもネックだった。木炭は火力が弱く、熱源とするにはどうにも頼りない。そこで几帳などを用いて部屋を小さく区切ることで暖房効率を上げ、防寒の助けとした。同時に、衣類を多く着重ねることで厳寒をしのいでいたのである。

その効果のほどはさておき、当時も暖房具にはいくつかの種類があった。火桶・炭櫃・火炉などである。

火桶は、丸形の火鉢。木をくり抜いた本体に「落とし」と呼ばれる金属製の炉を嵌め、そこに灰を入れて炭火を焚く。炭櫃は丸形の火桶とは違って四角形で、脚がついているのが特徴。中に落としを入れて使うのは火桶と同様である。

火炉は暖房器具であると同時に調理器具も兼ねていた。灯火や香炉（香を焚くための器）の代用として使うこともあった。火床（炉）がないので、炭や薪はじかに灰の上に投じることになる。持ち運びのできるものを火炉、床を切って作る固定タイプを地火炉ということもある。地火炉はいわば調理専用の囲炉裏で、丸い輪に3本の脚をつけた金輪を炎の上に置き、そこに鍋などを乗せた。

燃料となる炭は、木を蒸し焼きにして作る。消えにくく、煙を出さないのが利点で、屋内で用いる暖房用の熱源としては最適だった。暖房用と金属加工用で用途別に種類が分かれるが、このうち暖房用に使われたのは、堅く火力の強い堅炭、火付きに優れる煎炭など。それぞれ種類に応じた独自の製法があった。

暖房具

寝殿造の寒さ対策には暖房具が必須！

気温には慣れがあるが、それでも冬は寒いもの。貴族たちは火桶などの暖房具を用いて寒さを凌いでいた。

火桶

木を丸くくり抜いた胴体に金属製の落とし（炉）を嵌め込み、そこに灰を入れて炭火を焚いた。桐の木で作られることが多かった。

炭櫃

木桶と同じく中に落としを入れるが、方形で脚がついている。大量の炭を熾すことができた。長いものは長炭櫃という。

火炉

火床がないので、中にじかに薪や炭を入れて火を熾す。持ち運びできるものを火炉、囲炉裏のような固定タイプを地火炉といった。火炉は広い意味では火桶や炭櫃などの火鉢を含むほか、香炉を指すこともある。

室内遊びは碁や双六などの ボードゲームが大人気

該当する人々 ▷	皇家	上級貴族	中級貴族	下級貴族	庶民		該当する時代	平安前期	平安中期	平安後期

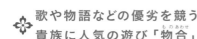

歌や物語などの優劣を競う 貴族に人気の遊び「物合」

　遊びや娯楽は、誰の心にもゆとりをもたらす。それは平安貴族たちも例外ではない。日々の勤めや生活の合間に、さまざまな遊びを楽しむことは、豊かな生活を送っている証でもあった。

　物合は左右2組に分かれ、特定の事物を提出し合って、一番ずつその勝敗を決めていく当時人気の遊び。持ち寄った草花の美しさや、語られる物語の質の高さが競われた。

　物合では勝負のとき、対戦する参加者が和歌を詠むのが通例だった。初めは歌を合わせる歌合だけだったが、そこから物合が派生したと考えられる。9世紀後半頃には行われていたという記録が残っている。和歌の巧拙は、その人物の評価に繋がるもの。身分の低い者には出世の好機でもあった。

　物語合では創作の優劣を競う。平安後期の物語集『堤中納言物語』に収録されている「逢坂越えぬ権中納言」は、天喜3年（1055年）に行われた六条斎院物語合に提出されたものとされている。そのほか、物品の意匠を競う扇合や小箱合、鶏を戦わせる鶏合、虫の鳴き声の優劣を競う虫合なども行われた。絵の優劣を競う絵合も物合のひとつだった。

　今でいうボードゲームを当時に置き換えると、盤上遊戯とでもいうべきか。碁や双六など専用の盤を用いる盤上遊戯は、平安時代にも人気だった。

　碁は奈良時代に中国から伝来したといわれる。現代も愛好者が多い娯楽の代表格といえるが、当時も身分の上下を問わず親しまれた。インド発祥とも中東発祥とも伝えられる双六は、現代の双六とは異なる。盤の上に白黒15個ずつの持ち駒を置き、2つのサイコロを振って出た目の数だけ駒を進め、先にすべての駒が敵陣に入ったほうが勝ちというのが基本ルール。碁同様に、奈良時代に伝わったという。

物合・盤上遊戯

貴族が楽しんだ定番の遊び

平安貴族は同種のものを突き合わせて優劣を競う物合や、当時のボードゲーム（盤上遊戯）といえる碁や双六を楽しんだ。

扇合（おうぎあわせ）

貴族とは切っても切れない必携の品が扇。意匠や趣向など、所有者のこだわりを競う。数ある物合のうちでも代表的なもの。

碁

奈良時代から愛好者が多い中国伝来の遊戯。身分の別なく親しまれ、宮中の女性たちも打った。『枕草子』『源氏物語』にも登場する。

双六

現代の分類上は盤双六といい、現代の双六（絵双六）とは異なる。賭博性が高く、朝廷による禁令が何度も出ている。

絵日記

貴族が書いたとされるが、実は当時の絵日記で現存するものはない。『源氏物語』の中で、須磨・明石に暮らした光源氏が風景の絵を添えた絵日記を書いている。

貝合

参加者は左右二方に分かれ、貝殻の色や形の美しさ、大きさやその貝にちなんだ歌の優劣を競い合う。物合の一種。神経衰弱のような遊びもあった。

雪が降ると貴族たちは雪だるまを作って遊んでいた

該当する人々 ▷	皇家	上級貴族	中級貴族	下級貴族	庶民

該当する時代 ▷	平安前期	平安中期	平安後期

❖ 遊びに興じる男たちの様子を女は眺めているだけだった

室内遊びは男女問わず楽しむことができた。ところが屋外での遊びとなると、男の特権のようなものになってしまう。女性は参加せず、御簾の内側から男たちが競い、戯れ合う姿を観覧するだけ。不公平に思われるが、成人女性が男の前に顔をさらしてはならないという貴族社会ならではの慣習があったのだ。

映像作品などでおなじみ、蹴鞠は実際に人気の遊びだった。鞠を蹴り上げて、地面に落とさぬよう蹴り続ける。複数人で行うときは、相手の受けやすい場所に蹴り出し、リレーのように続けていく。長く続けるのが目的だが、蹴る回数を競うこともあった。

競射は弓を射る競技の総称。馬上から的を射る騎射（馬弓）と、徒歩で射る徒弓（歩弓）がある。命中した数で勝敗を決めるという勇ましい遊びも

していた。藤原氏の全盛期を築いた藤原道長も、弓の名手であった。

小弓は小型の弓のこと。さらにはそれを使った競技。左膝立ちに座り、その上に左肘を置いて的を射る。宮中行事としても行われるが、その手軽さから、室内遊びのひとつとして一般でもよく行われていた。

打毬は馬に乗った参加者が2組に分かれ、長柄の先に網をつけた打毬杖を使って、先に自分のゴールに毬を入れることを競うもの。平安前期の記録によると、5月の行事として宮中で行われていたようだ。

冬の外遊びといえば雪遊び。ただし、雪合戦ではなく、雪でさまざまなものを作って楽しんだ。中宮定子が大きな雪山を作らせ、溶けるまでの日数を賭けるエピソードが『枕草子』にある。『源氏物語』の第20帖「朝顔」の巻では、源氏が童女たちを雪の積もった庭に下ろし、雪を転がして大きな玉を作る「雪転ばし」をさせる様子が描かれる。

屋外遊戯

貴族男性の外遊びの定番

蹴鞠は貴族の遊びの中でも定番中の定番。弓を使って競い
合う貴族のイメージとは縁遠い遊びも楽しんだ。

蹴鞠

数人で輪になって、鹿の革でできた毬を地面に落とさないように蹴り
続ける遊び。勝ち負けより長く続けることが目的で、審判役が回数を
カウントした。奈良時代から親しまれ、平安時代には貴族たちの間で
広く愛好されたが、ルールが整えられたのは平安末期以降。

雪遊び

冬の外遊びの代表ともいえる雪遊び。平安
貴族も雪を集めて大きな山を作ったり、雪を
転がして大きな玉を作った(雪転ばし)。

競射

命中した数で勝敗を決める競射には、騎射
と徒歩で射る徒弓があった。小型の弓を使っ
た小弓は宮中行事としても行われた。

鷹狩りや鵜飼など、動物も貴族の遊び道具

該当する人々 ▷	皇家	上級貴族	中級貴族	下級貴族	庶民		該当する時代 ▷	平安前期	平安中期	平安後期

ねずみを捕まえるために猫を積極的に飼育された

雄鶏同士を闘わせる闘鶏は中国由来の遊戯だが、日本でも古くから行われていたことが『日本書紀』の記載からわかる。それが平安時代になると、物合の一種として一層盛んになった。『栄花物語』は、女性の手になるとされる作者不詳の歴史物語。この中に、花山院（第65代天皇）が主催した鶏合（闘鶏）の様子が描かれている。鶏と鶏を闘わせるだけのシンプルな遊戯で、趣向の入り込む余地があまりなかったこともあって、庶民たちにも人気があった。

本来は狩猟行為である鷹狩りや鵜飼にさえ、貴族たちは遊戯性を見出して楽しんだ。鷹狩りは、鷹を調教して獲物を捕獲させる狩猟法。小型の鷹を使って小鳥などを狩る小鷹狩りと、大型の鷹で小動物などを狩る大鷹狩りがある。歴代の天皇も愛好し、文学や和歌の題材となることも多かった。平安

時代に新設された蔵人所という役所には、鷹狩り用の鷹を管理する鷹飼も置かれた。

現在も長良川などで行われている鵜飼は、鵜を飼い慣らして鮎などの川魚を捕る漁法。鵜が魚を呑み込まないよう、首結という紐を首に巻き、鵜が喉を膨らませると呼び返して魚を吐き出させた。この様子を貴族は楽しんだ。

遊びというと語弊があるが、愛玩動物としての猫の歴史は、平安時代にはじまるというのが通説。日本に来たのはさらに古い時代とされるが、穀物や経典をかじるネズミを捕るため、積極的に飼育されるようになった。

『源氏物語』にも猫は登場する。34帖「若菜上」の巻に、柏木（光源氏の息子の友人）が思いを寄せる女三宮（光源氏の正妻）の姿を垣間見るエピソードがある。このとき御簾の奥にいる女三宮を覗ける状況を作ったのが猫だった。大きな猫に驚いた唐猫（中国産の猫）が、綱を御簾にひっかけたのである。

動物との関わり

動物を使った遊戯も盛んだった

鷹狩りや鵜飼は狩猟の一種だが、貴族たちは遊戯としてこれを楽しんだ。闘鶏は身分の上下なく受け入れられていた。

住居

娯楽

鷹狩り
鷹を使って獲物を捕らえる狩猟法。歴代の為政者が愛好し、天皇もその例外ではない。平安時代には和歌の題材ともなった。

闘鶏
鶏同士を闘わせる中国伝来の遊戯を、物合の一種として行ったのが平安時代。ルールのシンプルさから庶民にも人気だった。

鵜飼
飼い慣らした鵜を使って鮎を捕る漁法。貴族は単に漁としてではなく、篝火に照らされ行われる鵜飼をひとつの催事とした。

猫を飼う
奈良時代に中国から持ち込まれた猫は、当初こそネズミ対策として飼育されていたが、平安時代にはペットとして定着した。

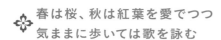

住まいの作法 その十三

貴族は自分の庭先で桜の花見を行った

該当する人々 ▷	皇家	上級貴族	中級貴族	下級貴族	庶民		該当する時代 ▷	平安前期	平安中期	平安後期

❖ 春は桜、秋は紅葉を愛でつつ気ままに歩いては歌を詠む

　平安貴族にとって「花」といえば「桜」のこと。かように日本の花の象徴的存在である桜は、平安の世を生きる人々にも特別な意味を持っていた。ソメイヨシノはまだないが、貴族の住まう屋敷の庭にも多くの桜が植えられていた。

　植樹した市内の桜に比べ、山の桜は少し遅れて花開く。そこで貴族たちは奥山や郊外に花見に出かけた。物見遊山という言葉のまだない時代。この場合は、気ままにあちこち歩き回る逍遥という言葉がふさわしいだろう。

　「昔、惟喬親王と申す皇子おはしましけり。山崎のあなたに、水無瀬といふ所に、宮ありけり。年ごとの桜の花盛りには、その宮へなむおはしましける」と『伊勢物語』の第82段「渚の院」の巻にあるように、惟喬親王（文徳天皇の第一皇子）は毎年、桜の季節になると山崎にある水無瀬離宮の渚の院を訪ねた。『古今和歌集』に採られた「世の中にたえて桜のなかりせば春の心はのどけからまし」という和歌も、このとき随行した在原業平が、院の桜の木の下で詠んだものである。

　春が桜なら秋は紅葉。やはり『伊勢物語』に紅葉狩りと思われる逍遥の様子が描かれる。第106段の『竜田河』だ。このとき紅葉の名所・竜田川のほとりで在原業平が詠んだ「ちはやぶる神代も聞かず龍田河からくれなゐに水くくるとは」という歌は、現在でも有名である。また、藤原道長が大堰川に和歌・漢詩・管弦の舟を浮かべ、嵐山の紅葉を大いに愛でたときの様子が『大鏡』に記されている。

　天皇や上流貴族など貴人たちは、邸のほかに別邸・別荘を所有するケースが珍しくなかった。都の西郊にある桂は人気の地で、歌人たちの別荘が多い。藤原道長も同地に別荘を持っていた。物語の中だが、光源氏も嵯峨野の御堂や桂の院などの別荘を持っている。

逍遥

桜や紅葉の季節には郊外に散策に出ることも

当時、物見遊山という言葉はなく、桜や紅葉を求めての気ままな散策。とはいえ、貴族は牛車に乗っていた。

住居

娯楽

桜狩り（花見）

春になれば貴族が住む屋敷の南庭でも、植樹した桜が花開いて人々の目を楽しませた。しかし花の季節は短い。そこで貴族たちは連れだって、山の桜を求めて郊外へと散策の足を延ばした。花の美しさを歌った多くの和歌は、そうしたシチュエーションで生まれた。

紅葉狩り

紅葉狩りは今でも使われる言葉である。山肌に鮮やかな色をつける紅葉を背景に、貴族たちは歌や音楽を大いに楽しんだ。

別荘・山荘

身分の高い者が別荘を持つのは今も昔も同じ。都の西郊、大内裏（宮城）から見て南西に位置する桂は人気の別荘地だった。

貴族は演奏会を開くほど音楽に長けていた

雅楽は平安時代に入ると室内楽として発展していった

中国や朝鮮半島から儀式用の音楽や舞踊が伝わると、これに日本古来の音楽・舞踊を合わせて管理する雅楽寮が創設された。奈良時代のことである。

当初、雅楽といえば大規模な演奏形態がとられていた。それが平安時代に入ると、外来の歌舞は室内楽の規模へと縮小され、やがて積極的な改作や新作、演奏形態の整備などが進められていった。このような楽制改革によって国風化した雅楽では、雅楽寮の楽人だけでなく、貴族たちもその担い手となっていく。彼らは日常生活の中で、あるいは宴の席などで楽器演奏を楽しむようになった。

当時の雅楽の流れは３つに大別できる。まず第一に大陸渡来の雅楽と管絃。これには中国に由来する唐楽と、朝鮮半島に由来する高麗楽があった。次が日本の古代歌謡である催馬楽や、漢詩や和歌の詩句を楽器の伴奏で歌う朗詠。そして最後が、朝廷の祭祀に由来する神楽、東国地方で歌われた東遊のような歌舞である。

古来、雅楽にはさまざまな楽器が用いられるが、平安時代の楽制改革により、その種類は縮小整理された。管絃に使われる楽器は、管楽器に三管（横笛・篳篥・笙）、弦楽器に両絃（琵琶・箏）、打楽器に三鼓（鞨鼓・太鼓・鉦鼓）があり、この編成で器楽合奏を行った。古くはこれに和琴・琴が加わることがあった。

管絃では主に篳篥と横笛が旋律を奏で、笙は旋律に合わせて和音を弾く。琵琶、箏は和音を一音ずつに分散して奏で（分散和音）、拍子や音の強弱によってリズム感を与えた。

平安時代には管絃のような器楽合奏だけではなく、琵琶、箏を用いる独奏のための曲目もあって愛好者も多かったようだ。ただし、それらの曲は残念ながら現在残っていない。

音楽

楽器演奏は貴族の嗜み

雅楽が室内楽として演奏されるようになった平安時代。貴族たちも、積極的に楽器を手に取るようになっていった。

琵琶

雅楽に使われる二種の弦楽器を両弦という。琵琶はそのひとつ。和音を一音ずつ奏でる分散和音（アルペジオ）を演奏する。

箏

両弦のひとつで13本の絃を持つ。管絃では旋律を奏でず、短い定型的な音型をくり返す。『源氏物語』にも箏を弾くシーンが再三登場。

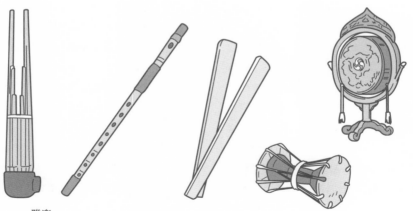

雅楽

平安時代に楽制改革があり、古来、多くの種類が存在した楽器たちも整理縮小された。とはいえ、以降も多様かつ個性的な種類が使われている。笙や横笛は、現在も雅楽というとすぐイメージされる管楽器の代表。笏拍子、釣太鼓、三ノ鼓はいずれも打楽器である。

中国や韓国から伝わった
踊りを儀式に用いた

該当する人々	皇家	上級貴族	中級貴族	下級貴族	庶民		該当する時代	平安前期	平安中期	平安後期

❖ 貴族社会では演奏だけでなく 歌や舞も楽しみのひとつ

　平安時代、宮中あるいは民間で歌われていた神事歌謡が神楽歌である。楽人たちの神楽笛、篳篥、和琴（日本最古の楽器で弦楽器）、笏拍子（木製の拍子木のような打楽器）の伴奏で歌われていた。今に伝わる曲は、古来の神楽歌を平安中期頃に改修したものとされている。

　踏歌は男女が集団となり、地面を踏み鳴らしながら歌い、踊る舞踏。豊穣祈願のために行われる。奈良時代に中国から伝わると、日本の歌垣（男女による歌の掛け合い）と結びついて盛んになり、平安時代には踏歌節会として正月の宮廷行事となった。男踏歌は正月14日に、女踏歌は16日に行われる。もともとは唐詩を中国音で歌っていたが、やがて催馬楽（日本古来の民謡などに外来楽器の伴奏を加えた歌謡）の曲も使うようになった。

　雅楽の演奏形式のうち、唐楽あるいは高麗楽を伴奏とする舞を、器楽合奏の管絃に対して舞楽という。舞楽が唐楽と高麗楽に整理されたのは平安時代に入って以降。このとき左舞と右舞に分けられた。左舞は唐楽の伴奏により、日輪を象徴する大太鼓の据えられた左方から登場する。一方、右舞は高麗楽の演奏により、月輪を象徴する大太鼓の据えられた右方から登場した。

　左舞と右舞では演奏方法や楽器編成のほか、唐楽は赤系統、高麗楽は青系統というように装束も異なる。舞楽の番組構成法に番舞があるが、これは舞姿が似たものを左右交互に演じさせて一番とする様式だ。

　舞楽の舞には、平舞、走舞、武舞などがある。平舞（文舞）は4人、または6人の舞人が列をなして優雅に舞うもの。一方、走舞は1〜2人の舞人が、速いテンポの曲に乗って活発に動き回るもの。武舞は文舞に対する舞で、太刀や鉾などの武具を手に舞った。

神との交流も遊びのひとつ

舞

神楽・雅楽・舞楽などに用いる「楽」の字は遊びに通じる。神事的な各種芸能は平安貴族にとって遊びの要素も強かった。

神楽
現在も各地の神社の祭礼などで行われる神事。平安中期に様式が整ったとされている。佐賀藩主だった鍋島家に伝わる「神楽歌」に93首の歌が収録されているが、現在演奏される曲はそのうちごくわずか。宮中で行われる神楽を御神楽といい、雅楽に含まれる。

秋風楽
雅楽の曲で唐楽に属する。常装束（舞楽の一般的な装束）のもろ肌を脱いで舞う。『源氏物語』第7帖「紅葉賀」の巻にもその名が登場。

柳花苑
雅楽の曲で唐楽に属する。奈良時代に中国から伝わり、本来は4人の女舞だった。平安時代になって舞は絶えたとされる。

輪台
雅楽の曲で唐楽に属する。4人が列をなして舞う平舞で、同じく雅楽の曲である「青海波」の前段として舞われる。

column ⑤

鬼は女性が化けたものだと
考えられていた

平安時代、「鬼」がいると信じられていた

　赤鬼、青鬼など虎の皮の腰布をまとい、金棒を持った筋骨隆々たる鬼は男の印象が強いが、平安時代の鬼は女性の化身であると信じられていた。当時の女性たちは座って生活している時間が長く、あまり走らなかった。そこで、走る女の姿を見たら、それは気の狂った異形の者、つまり鬼だと考えられたのである。男の鬼が、大江山の酒吞童子や茨木童子のような狼藉を働く乱暴者のイメージであったのに対し、女の鬼は正気を失った奇妙な存在である。今の世なら明らかな差別であろう。「おに」の語源は「隠」から転じた目に見えないもの、異界から来た者を意味する説があり、『源氏物語』に登場する鬼は怨霊である。この時代の鬼は、筋骨隆々の男性的なものではなく、極めて女性的なものであったと思われる。

王朝文化を彩った
主要人物伝

　国風文化が隆盛を極めた平安中期。王朝文化とも呼ばれるこのときに
活躍したのは、どのような人々だったのか？　紫式部や清少納言といっ
た後世に名を残した有名女流作家を筆頭に、時代を築いた主要人物た
ちの実像に迫ってみる。

紫式部
<small>むらさきしきぶ</small>

平安時代中期に『源氏物語』を書いた女流作家。生没年未詳。藤原北家の傍流の出身で、学者として有名な藤原為時の娘として生まれた。藤原宣孝と結婚し一女をもうけるが、2年ほどで死別。『源氏物語』は夫の死後に書きはじめられた。藤原道長の娘、彰子のお世話役として宮中で仕えた。

弟より先に漢文をマスター

紫式部は子どもの頃から勉強好きで優秀だったため、父が紫式部の弟に漢文を教えていたところ、弟よりもすぐに覚えてしまったという。

平安中期の第 66 代天皇。わずか 7 歳で即位した。在位中は藤原道長の全盛期であり、政略結婚により前例のない「一帝二后」を開いた。芸術の才能を発揮し、紫式部をはじめ多くの女流作家を輩出し王朝文学を開花させた。

猫を溺愛

一条天皇が寵愛する猫には高い位が与えられ、その猫にかみつこうとした犬を追放しにするなど、猫の可愛がり方が異常だったという。

藤原道長
ふじわらのみちなが

平安時代中期の高官。藤原兼家の五男として生まれる。自分の娘 4 人を天皇に嫁がせ孫を天皇にし、大きな権力を手に入れ摂関政治を行った。紫式部の『源氏物語』の主人公・光源氏のモデルのひとりともいわれている。

女流文学のよき理解者

道長は紫式部のパトロンであり、創作活動を財政面で支援した。紫式部が書いた文学作品を読んでいたかまではわからない。

清少納言
（せいしょう な ごん）

平安中期の女流作家。随筆『枕草子』
を書いた。歌人でもある学者の家系
に生まれ、幼き頃より和歌や漢字を
習い英才教育を受けた。 橘 則光と
（たちばなののりみつ）
結婚し、性格の不一致により10年後
離婚。一条天皇の中宮・藤原定子の
（ふじわらのむね）
教育係として仕えた。その後藤 原 棟
世と再婚し、のちに女流作家となる
（よ）
小馬 命 婦を生んだ。
（こ ま のみょう ぶ）

歌人としても才能あり

父や祖父も有名な歌人であり、和歌の実力も抜群だっ
た清少納言。勅撰集や百人一首にも入首しているほど
才気に溢れた歌人であった。

藤原彰子
（ふじわらのしょうし）

一条天皇の中宮（皇后）で、この時代の栄華を極めた藤原道長の長女。『源氏物語』を書いた紫式部が仕えた人物。藤原道長の権勢により一条天皇の二人目の正妃となり、のちの後一条・後朱雀（ごすざく）両天皇を産んだ。

わずか12歳で嫁入り

父の藤原道長は天皇と血縁関係を結ばせるため、わずか12歳だった娘の彰子を強引に一条天皇の正妃（中宮）とさせた。

藤原定子
（ていし）

一条天皇の皇后で、藤原道隆の娘。『枕草子』を書いた清少納言が仕えた人物。一条天皇の妃（中宮）だったが、藤原彰子が入内し一帝二后となる。一条天皇の深い寵愛を受けるが、3人の子を産んですぐ他界した。

明るい性格だった藤原定子

『枕草子』には定子が清少納言を気遣い、時には諫める様子が描かれている。朗らかで宮廷女性のトップとして、しっかり者の女性だった。

安倍晴明
<ruby>安倍晴明<rt>あべのせいめい</rt></ruby>

平安時代中期の陰陽師。天文博士。下級貴族の家に生まれた。吉凶を占い祭祀を行い、藤原道長らの求めに応じ、不思議な術で物怪を退治するなど宮廷で活躍した。安倍晴明にまつわる伝説が数多く残されている。

日本を救った!?

寛弘元年（1004年）、安倍晴明は干ばつから日本を守るため、雨乞いをして雨を降らせたという記録が残っている。

藤原伊周
<ruby>藤原伊周<rt>ふじわらのこれちか</rt></ruby>

藤原道隆の次男として生まれる。藤原定子の兄。わずか20歳で<ruby>内大臣<rt>ないだいじん</rt></ruby>となるが、父の死後、藤原道長と対立し敗北。女性問題による誤解から<ruby>花山<rt>かざん</rt></ruby>法皇に矢を射かけるなどの罪により左遷された。

才色兼備

失脚してしまったことで、政治家としては冴えない印象があるが、容姿端麗で漢詩の才能があり、優れた詩作を数多く残している。

藤原頼通
<ruby>頼通<rt>よりみち</rt></ruby>

平安中期の公卿。藤原道長の長男として生まれた。道長から後一条天皇の摂政を譲られ関白となり、藤原氏の全盛時代を築いた。娘の寛子らに皇子が生まれず弟の教通に関白を譲り、外戚の地位を失う。晩年は出家した。

歴史的寺院を建立

道長の別荘を寺院に改修し、平等院を建立。極楽浄土での生まれ変わりを願うためにイメージした場所として知られる。

和泉式部
<ruby>和泉式部<rt>いずみしきぶ</rt></ruby>

平安時代中期の女流歌人。下級貴族の家に生まれた。和歌の才能に優れ、紫式部と清少納言と並び「王朝の三才女」と呼ばれる。敦道親王との恋の顛末を記した『和泉式部日記』は女流文学を代表するひとつとしてよく知られる。

男性ウケは抜群だった

和歌がうまかったため多くの男性を虜に。関係があったとされる男性は10人以上ともいわれ、恋多き人生だった。

平安時代年表

西暦	年号	歴史的な出来事
794	延暦13	桓武天皇が平安京に遷都
806	大同元	桓武天皇が崩御し、平城天皇が即位
809	大同4	嵯峨天皇が即位。平城上皇が旧都、奈良の平城京へ移る
812	弘仁3	嵯峨天皇が神泉苑で初めて桜の花宴を開く
813	弘仁4	藤原冬嗣が興福寺南円堂を建立
823	弘仁14	嵯峨天皇が弟の淳和天皇に譲位し、上皇となる
833	天長10	淳和天皇が退位し、嵯峨上皇の子、仁明天皇が即位
842	承和9	嵯峨上皇が嵯峨院で崩御。承和の変が勃発。藤原良房が大納言、仁明天皇の皇子で良房の甥の道康親王が皇太子となる
849	嘉祥2	仁明天皇の四十の賀に興福寺の僧侶が和歌で祝辞
857	天安元	藤原良房が人臣初の太政大臣に就任
872	貞観14	藤原基経が諸国に陰陽師の設置を開始
885	仁和元	基経が年中行事を制定
887	仁和3	宇多天皇が即位 この頃、ひらがなが使われはじめる
890	寛平2	菅原道真が讃岐守の任務を終えて上京
894	寛平6	道真の建議により遣唐使の廃止
895	寛平7	道真が中納言に就任
897	寛平9	醍醐天皇が即位。宇多天皇が譲位し上皇となる
898	昌泰元	藤原時平と菅原道真が内覧に就任 藤原時平が左大臣、菅原道真が右大臣に就任
899	昌泰2	宇多天皇が仁和寺で出家。初めて法皇を称する
901	延喜元	菅原道真が太宰府に左遷される
902	延喜2	藤原時平が「藤花和歌」の宴を開催 この頃、仮名文字の物語文学『竹取物語』『伊勢物語』が登場
903	延喜3	菅原道真が太宰府で亡くなる
905	延喜5	藤原時平が紀貫之らと『古今和歌集』を編集
909	延喜9	時平が亡くなる
914	延喜14	時平の弟、藤原忠平が右大臣に就任
916	延喜16	県犬養永基、道吉常の妻を無理やり自分の妻にする

921	延喜21	安倍晴明が生まれたとされる
930	延長8	内裏に雷が落ちる。多数の死傷者を出す（菅原道真の"怨霊説"が浮上） 醍醐天皇が譲位したあと、崩御 藤原忠平が朱雀天皇の摂政に就任
941	天慶4	忠平が関白に就任、摂関政治の基礎をつくる
960	天徳4	安部晴明が村上天皇に仕えたあと、天文博士に就任
969	安和2	藤原兼家、右大臣藤原師尹の従者たちに家をこわされる
970頃	天禄元年頃	藤原為時の長女として紫式部が生まれる
972	天禄3	藤原兼通が関白に就任
974頃	天延2年頃	藤原道綱母が『蜻蛉日記』を著す
976	貞元元	藤原道隆の長女として定子が生まれる
977	貞元2	藤原兼通と藤原兼家の摂関位をめぐる兄弟対立が起こる。摂関家の内部抗争がはじまる
981	天元4	清少納言が橘則光と結婚、男子を生むが離婚
986	寛和2	わずか七歳で一条天皇が即位
988	永延2	藤原道長の長女として彰子が生まれる
988	永延2	藤原道長、官人採用試験の試験管を拉致して圧力をかける
990	正暦元	藤原道隆の長女定子が一条天皇に入内。同じ年に中宮となる
993	正暦4	清少納言が中宮定子に仕える
995	長徳元	藤原道長と藤原伊周の関白位をめぐる叔父VS甥の対立がおこる 道長が勝利し、内覧に昇進
996	長徳2	藤原伊周、嫉妬にかられて花山法皇に矢を射ようとする
999	長保元	藤原彰子が一条天皇に入内 中宮定子が一条天皇の第一皇子敦康親王を出産
999頃	長保元年頃	紫式部が藤原宣孝と結婚
1000	長保2	藤原彰子は中宮に、中宮定子は皇后になる。これが最初の一帝二后（ひとりの帝が2人の皇后をもつ）となる 定子、出産してすぐに亡くなる 清少納言は辞任し、藤原棟世と再婚。娘の小馬命婦を出産 この頃、紫式部がのちの大弐三位を出産 この頃、清少納言が『枕草子』を著す
1005	寛弘2	陰陽師安部晴明が亡くなる この頃、紫式部が中宮彰子に仕える
1008	寛弘5	彰子がのちの後一条天皇を出産

1009	寛弘6	彰子がのちの後朱雀天皇を出産
1010	寛弘7	紫式部が『紫式部日記』を著す
1011	寛弘8	一条天皇が三条天皇に譲位
1012	長和元	藤原道長の次女研子が中宮になる
1012	長和元	藤原道雅、敦明親王の従者に暴力を振るう
1016	長和5	三条天皇が後一条天皇に譲位 道長が摂政に就任
1016	長和5	大江至孝、威儀師・観峯の娘を襲う
1017	寛仁元	道長が太政大臣に就任 道長の長男藤原頼通が摂政に就任
1018	寛仁2	道長の三女・威子が中宮に。道長が一家三立后のよろこびを「望月の歌」に詠む
1019	寛仁3	道長が出家。藤原頼通が関白に就任 この頃、紫式部亡くなる
1023	治安3	敦明親王、賀茂祭使の行列を見物する人々を追い回す
1024	万寿元	藤原経輔、後一条天皇の御前で取っ組み合いをはじめる
1025頃	万寿2頃	清少納言が月輪地区（東山区）で亡くなる
1026頃	万寿3頃	中宮彰子が出家により上東門院となる
1027	万寿4	藤原道長が法成寺阿弥陀堂で亡くなる
1032	長元5	藤原実資が『小右記』を著す
1053	天喜元	藤原頼通が平等院阿弥陀堂（鳳凰堂）を完成させる
1061	康平4	頼通が太政太政に就任
1068	治暦4	後冷泉天皇が後三条天皇に譲位。摂関政治の衰退
1086	応徳3	白河天皇が善仁親王（堀河天皇）に譲位して上皇に。院政がはじまる
1090	寛治4	院の警護のため、北面の武士がおかれる
1107	嘉承2	堀河天皇が急死。鳥羽天皇が即位し、院政が本格的にはじまる この頃、歌謡の今様が流行
1118	元永元	藤原璋子（のちの待賢門院）、鳥羽天皇の中宮になる 平忠盛の長男として、清盛が生まれる
1119	元永2	鳥羽天皇の第一皇子として、顕仁親王（のちの崇徳天皇が生まれる。母は璋子
1120	保安元	藤原忠実が娘泰子の入内を拒んで内覧を停められる（事実上の関白罷免）
1121	保安2	藤原忠通が関白になる
1127	太治2	鳥羽天皇の第四皇子として、雅仁親王（のちの後白河天皇）が生まれる
1129	太治4	白河法皇が崩御。鳥羽上皇が院政をうけつぐ
1141	永治元	近衛天皇が即位。母は藤原得子

1143	康治2 こうじ	源為義が藤原頼長に仕える この頃源義朝が東国に下向
1146	久安2 きゅうあん	源為義が検非違使に任命される けびいし
1149	久安5 きゅうあん	藤原得子、美福門院の称号をもらう とくし　びふくもんいん
1150	久安6 きゅうあん	藤原頼長の養女多子が皇后、藤原忠通の養女呈子が中宮になる たし　　　　　　　　　　　　　ていし　うじのちょうじゃ 藤原忠実、忠通と縁を切り、藤原頼長を氏長者とする
1151	仁平元 にんぺい	頼長を内覧とする
1153	仁平3 にんぺい	平清盛が伊勢平氏一門の棟梁になる い　せ　へいし　しもん
1154	久寿元 きゅうじゅ	源義朝が鎮西（現在の九州）で暴れ、父の為義が検非違使をやめさせられる ちんぜい　　　　　　　　　　　　　　　　　けびいし
1155	久寿2 きゅうじゅ	近衛天皇が近衛殿で崩御 この　えでん 藤原頼長が内覧を停められる源義朝の長男善平、武蔵国（現在の東京、埼玉周 よしひら　む　さしのくに 辺）で叔父の義賢をほろぼす よしかた 近衛天皇が亡くなったのは藤原忠実と息子の頼長の呪いとのうわさが流れる 後白河天皇即位
1156	保元元 ほうげん	鳥羽法皇が安楽寿院で崩御 あんらくじゅいん 保元の乱がおこる。崇徳上皇は配流、藤原頼長は戦死
1158	保元3 ほうげん	後白河天皇が譲位し、二条天皇即位
1159	平治3 へいじ	平治の乱が勃発。信西が自害、藤原信頼は斬首 しんぜい　　　　のぶより 平清盛が源義朝をやぶる
1160	永暦元 えいりゃく	義朝が尾張国内海荘で自害 おわりのくにうつみのしょう 源頼朝を伊豆国に配流 い　ずのくに 二条天皇の側近藤原経宗、藤原惟方らを配流 つねむね　　　　これかた
1161	応保元 おうほう	後白河院政がおわる。二条天皇が親政を行う
1164	長寛2 ちょうかん	平清盛が厳島神社に経典をおさめる（平家納経） いつくしま 清盛が後白河上皇のため蓮華王院（三十三間堂）を建立 れんげおういん
1167	仁安2 にんあん	清盛が太政太政に就任
1179	治承3 じしょう	梁塵秘抄が成立する（後白河勅撰） りょうじんひしょう

参考文献

◆ 書籍

『殴り合う貴族たち』繁田信一 著（文春学藝ライブラリー）

『王朝貴族の悪だくみ』繁田信一 著（柏書房）

『平安時代の後宮生活』横尾豊 著（柏選書）

『王朝の風俗と文学』中村義雄 著（塙書房）

『藤原道長を創った女たち――<望月の世>を読み直す』服藤早苗・高松百香 編著（明石書店）

『平安朝 女性のライフサイクル』服藤早苗 著（吉川弘文館）

『有識故実図典 服装と故実』鈴木敬三 著（吉川弘文館）

『源氏物語図典』秋山虔・小町谷輝彦 編（小学館）

『ビジュアルワイド 平安大事典 図解でわかる「源氏物語」の世界』倉田実 編（朝日新聞出版）

『源氏物語の時代』山本淳子 著（朝日新聞出版）

『平安時代大全』山中裕 著（KKロングセラーズ）

『平安朝の生活と文学』池田亀鑑 著（ちくま学芸文庫）

『平安女子の楽しい！生活』川村裕子 著（岩波ジュニア新書）

『王朝生活の基礎知識 古典のなかの女性たち』川村裕子 著（角川選書）

『本日もいとをかし!! 枕草子』小迎裕美子 著（KADOKAWA）

『王朝貴族物語』山口博 著（講談社現代新書）

『古典の裏』松村瞳 著／マンガ：すぎやまえみこ（笠間書院）

『歴史をさわがせた女たち 日本篇』永井路子 著（文藝春秋）

『総図解 よくわかる 古代史』瀧音能之 編（新人物往来社）

『平安京の暮らしと行政』中村修也 著（山川出版社）

『呪い方、教えます。』宮島鏡 著／鬼頭玲 監修（作品社）

『すぐわかる 源氏物語の絵画』田口榮一 監修（東京美術）

『京都時代MAP® 平安京編』新創社 編（光村推古書院）

※その他、数多くの歴史資料を参考にさせて頂きました。

繁田信一（しげた・しんいち）

1968年、東京都に生まれる。東北大学大学院文学研究科博士課程後期単位取得退学。神奈川大学大学院歴史民俗資料学研究科博士後期課程修了。現在、神奈川大学日本常民文化研究所特別研究員、東海大学文学部非常勤講師。専攻は歴史民俗資料学。王朝時代の天皇、貴族、庶民の姿を活写する著書多数。『陰陽師と貴族社会』『呪いの都 平安京』（ともに吉川弘文館）、『天皇たちの孤独』（KADOKAWA）、『かぐや姫の結婚』（PHP研究所）など。

STAFF

企画・編集	細谷健次朗、柏もも子
編集協力	間山智賀
営業	峯尾良久
執筆協力	龍田昇、野村郁明、野田慎一、上野卓彦
イラスト	熊アート
デザイン・DTP	森田千秋（Q.design）
校正	ヴェリタ

平安貴族　嫉妬と寵愛の作法

初版発行　2020年6月27日
第3刷発行　2023年11月30日

監修　　繁田信一

発行人　坂尾昌昭
編集人　山田容子
発行所　株式会社G.B.
　　　　〒102-0072　東京都千代田区飯田橋4-1-5
　　　　電話　03-3221-8013（営業・編集）
　　　　FAX　03-3221-8814（ご注文）

印刷所　音羽印刷株式会社

しくみや文化がよくわかる
G.B.の作法シリーズ

続々、発刊中！

第1弾

戦国　戦の作法

監修：小和田哲男

戦国武将を下支えした「足軽」や「農民」たちのリアルを追う。

定価：本体1,500円＋税

第2弾

大江戸　武士の作法

監修：小和田哲男

江戸期の下級武士たちはどんな場所に住み、何を食べていたのか!?

定価：本体1,600円＋税

第3弾

戦国　忍びの作法

監修：山田雄司

本当の忍者は空を飛ぶことはなく、手裏剣も投げることはなかった。

定価：本体1,600円＋税

第4弾

幕末　志士の作法

監修：小田部雄次

幕末の時代を生きた志士たち。志を持っていたのはひと握りだった。

定価：本体1,600円＋税

第5弾

戦国　忠義と裏切りの作法

監修：小和田哲男

忠誠を誓いつつも、寝返ることが常態化していた「家臣」がテーマ。

定価：本体1,600円＋税

第6弾

近現代　スパイの作法

監修：落合浩太郎

近現代のスパイが実際に使っている道具や、行っている活動を白日の下にさらす。

定価：本体1,600円＋税